Hrsg.: Martin Fieber · Hans H. Reinmöller · Thomas Richter

Das Sterben

Hrsg.: Martin Fieber · Hans H. Reinmöller · Thomas Richter

Das

Sterben

Das Vermächtnis des Medialen Friedenskreises Berlin aus den Jahren 1956 - 1975

BERGKRISTALL

Die Deutsche Bibliothek - CIP Einheitsaufnahme

Das Vermächtnis des Medialen Friedenskreises Berlin
aus den Jahren 1956-1975
Hrsg.: Martin Fieber....- Bad Salzuflen:
- Bad Salzuflen: Bergkristall Verlag

Das Sterben. - 2000
ISBN 3-935422-02-4

0101 deutsche buecherei

Ungekürzte Ausgabe
Bergkristall Verlag GmbH, 32108 Bad Salzuflen
Schülerstraße 2-4
Tel.: 05222 / 92 34 51
Fax: 05222 / 92 34 52
email: Bergkristall.Verlag@t-online.de
www.BERGKRISTALL-VERLAG.de
1. Auflage, November 2000
Umschlag: Bergkristall Verlag
Satz: Bergkristall Verlag
Druck und Bindung: Druckerei Dröge, Bad Salzuflen
Printed in Germany
ISBN 3-935422-02-4

Welches ist der sicherste Weg zur Wahrheit?
Der sicherste Weg beginnt im eigenen Herzen.
Gott kann für diese Aufgabe keine Feiglinge gebrauchen.
Er braucht geistige Revolutionäre, die für ihn um die Wahrheit mit dem ganzen Einsatz von Seele und Leben kämpfen.

Wie lautet die bedeutendste Kernfrage, die von der Menschheit gestellt werden könnte?
Gibt es einen Gott oder nicht?
Gibt es ein geistiges Weiterleben oder nicht?

Das Sterben

Inhaltsverzeichnis

Liebe Leserinnen und Leser,

wir freuen uns über alle Maßen, ihnen endlich in einer Buchreihe das gesamte Vermächtnis des Medialen Friedenskreises Berlin präsentieren zu dürfen, nach Themen geordnet und inhaltlich unverändert.
Die vorliegenden Aufzeichnungen wurden in „vollautomatischer Medialschrift" in über 25-jähriger Tätigkeit und über 1000 Sitzungen in dieser unabhängigen Forschungsgruppe im Beisein neutraler Zeugen erarbeitet. Dabei wurden ca. 6500 DIN A 4 Seiten protokolliert.
Die Erstveröffentlichungen fanden in den Jahren von 1956 bis 1975 in monatlichen Berichtsheften und zusätzlichen Broschüren statt. Diese Schriften wurden von den damals schon interessierten Kreisen in Deutschland und in der ganzen Welt gelesen, übersetzt und erlangten höchste Beachtung und Anerkennung, obwohl die Stückzahl der Auflagen relativ gering war.
Die Zeit war noch nicht reif für eine großangelegte Verbreitung. Die Öffentlichkeit schenkte dem wirtschaftlichen Wachstum mit allen angenehmen Begleiterscheinungen mehr Aufmerksamkeit.
Das hat sich in den letzten Jahren wesentlich geändert. Die allgemeine Weltlage, die steigende Kriminalität, die politischen Realitäten mit der Hochrüstung und den Kriegen machen es notwendig, daß diese Grundlagenforschung auf möglichst breiter Basis nochmals veröffentlicht wird. Die Menschen sind durch die lebensbedrohenden Zustände auf unserer Erde wachgerüttelt und suchen nach einer Alter-

native zur globalen Vernichtung. Dieses Suchen muß seine entsprechende Beantwortung finden. Durch die hier angesprochene Grundlagenforschung sind die Erkenntnisse mit den dazugehörigen Beweisen bereits vorhanden. Diese Forschungsergebnisse sind in ihrer Art und in ihrem unwiderlegbaren Wahrheitsgehalt Spitzenqualität. Das wird von den Kennern vorbehaltlos bestätigt. Mehr noch, sie gewinnen durch ihren unbestechlichen und kompromißlosen Bezug auf das Weltgeschehen täglich zunehmend an Aktualität und Bedeutung. Sie zeigen den Ausweg aus den Jahrtausende alten Kettenreaktionen um Krieg und Gewalt. Und das mit aller Gründlichkeit.

Der Mediale Friedenskreis Berlin erarbeitete mit einem Team jenseitiger Lichtboten und Geistführer hochwertige Beweise über ein Leben nach dem Tod und über intelligentes außerirdisches Leben.
Diese Lichtboten „haben die Mission zu erfüllen, das Licht in die Finsternis zu bringen und alle Unklarheiten aufzudecken. Es handelt sich um die geistige Erleuchtung der Erdenmenschheit".
Sie werden sich vielleicht wundern, warum wir die Namen der Geistlehrer nicht erwähnen. Die Antwort darauf gab uns die Geistige Welt in den Durchgaben selber: „Ich bin an keinen Namen gebunden, sondern nur an die Wahrheit. Ihr könnt anstelle eines Namens ebensogut ‚Die Wahrheit' setzen. Meinetwegen könnt ihr auch ein ‚X' benutzen. Es kommt allein nur auf die Wahrheit an. Die größten Namen haben auf dieser Erde oft genug den größten Irrtum her-

vorgebracht. Ich bin orientiert, daß man die größte Wahrheit immer wieder bekämpfen wird, weil sie den Fortschritt der negativen Mächte hindert. Das Negative wird sich mit allen Mitteln, auch den unfairen, und mit aller Hartnäckigkeit verteidigen, weil die Wahrheit der Gegenpol des Irrtums ist. Laßt euch dadurch nicht von eurem Wissensdrang und von eurer Mission abbringen.
Der Aufmarsch der Geistigen Kräfte nimmt immer mehr zu. Es werden nicht alle Kirchenanhänger sein, die auf der Seite der Wahrheit stehen werden. Es werden nicht die Religionen sein, die den Frieden bringen. Es wird allein die verständliche Wahrheit sein, die diesen Globus retten wird. Mein Name spielt dabei keine Rolle. Und wenn ich Gottes höchster Engel wäre, ich würde es euch niemals verraten. Ich bin nur ein namenloser Vermittler der ewigen Wahrheit im ganzen Universum". *Soweit die Ausführungen aus der Geistigen Welt!*

Wir haben ein Versprechen abgegeben, diese Wahrheit unter allen Umständen an die irdische Menschheit weiterzuleiten. Obgleich dieses Versprechen nicht leicht durchführbar ist, so wird es mit der Hilfe der Geistigen Welt gelingen.

Die Herausgeber

Über das Sterben und den Tod

Wie lautet die bedeutendste Kernfrage, die von der Menschheit gestellt werden könnte?
Gibt es einen Gott oder nicht? Gibt es ein geistiges Weiterleben oder nicht?

Es ist wichtig, den Menschen begreiflich zu machen, daß es keinen ‚Tod' gibt, wie ihn sich die meisten vorstellen. Die Menschheit nimmt im allgemeinen an, daß es nach dem Sterben nichts mehr gibt. Wie können wir dieses Mysterium allgemein verständlich machen?
Richtig, es gibt keinen ‚Tod', sondern nur ein ewiges Leben. Der Irrtum beginnt mit der Religion. Die Konfessionen lehren, daß es Menschen gibt, die in die Hölle kommen, um ewig darin zu verbleiben. Hier sträubt sich der menschliche Gedanke, und darum will man vom Jenseits und von der Religion nichts wissen. Tatsächlich ist das eine unsinnige, gefährliche Irrlehre, die nicht genug angeprangert werden kann. Es gibt keinen Tod, nur eine Umwandlung. Was also stimmt hier nicht? Ist das Wort falsch, oder stimmt der mit dem Wort verknüpfte Begriff nicht? Ich glaube nicht, daß immer das Wort falsch ist. Bei der Prägung des Wortes hat man sich etwas ganz anderes dabei gedacht. Wer sagt euch, daß mit dem Wort Tod nicht etwas ganz anderes gemeint ist? Ich meine, daß man Umwandlung damit gemeint hat, während die Menschen das ‚Nichts' dafür eingesetzt haben. Hier liegt der Irrtum! Hier muß eine Änderung des Begriffs angestrebt werden. Der

Tod ist kein Ende, sondern eine Veränderung. Es ist eine große Lücke in der Religion, daß sie über diese wichtige Frage keine objektive Auskunft geben kann. Wir setzen alles daran, euch die Wahrheit zu bringen und das Mysterium des Todes richtig zu erklären. Die Unsterblichkeit des Menschen macht keine Ausnahme, sie ist für jeden Menschen Gesetz. Da der Mensch unermüdlich forscht, wird er auch dieses Geheimnis von sich aus lüften. Dann wird es zu einem gewaltigen Schock kommen, der die ganze Menschheit ergreift. Nach diesem Schock wird sich aber ein ganz neues Denken einstellen.

Heute will ich euch einmal etwas ganz Besonderes berichten. Fast die ganze Menschheit dieser Erde hat keine rechte Vorstellung vom Sterben und mithin auch nicht vom Tode selbst, noch von dem Zustand der Persönlichkeit nach dem Tode selbst. Darum möchte ich euch jetzt erzählen, wie ein Erdenmensch, das heißt, wie eine Persönlichkeit in der Materie stirbt, diese also aufgibt. Natürlich gibt es viele Arten des Todes, zum Beispiel durch Unfall, Krankheit, Selbstmord oder Alter. Doch ich will euch jetzt einen natürlichen Tod erklären, weil der Austritt der Seele, also des immateriellen Gebildes, in jedem Fall derselbe sein kann.

Als ich starb, lag ich in meinem Bett. Doch plötzlich wußte ich mit Sicherheit, daß mein irdisches Leben abgelaufen war. Diese Gewißheit ist plötzlich da und läßt einfach keinen Zweifel mehr zu, daß es eine Täuschung sein könnte. So sehr auch das physische Befinden einem Unwohlsein ähnelt, etwa wie vor einer Ohnmacht, so bleibt das Bewußtsein doch sehr gefaßt. Eine große Feierlichkeit vor etwas Großartigem erfaßt die Seele. Im gleichen Augenblick verliert der Körper seine Schwere, und eine Kälte kriecht von den Zehenspitzen erst die Beine hinauf. Diese Kälte erfaßt in etwa 30 Sekunden den ganzen Körper, den Kopf zu allerletzt. In diesem Augenblick, da der Körper die Kälte spürt, setzt das geistige Hören und Sehen ein. Der Wille hat nun keine Macht mehr über den Körper. Der Seele kommt zum Bewußtsein, daß das Herz stillsteht und die Atmung aufgehört hat. Trotzdem hat sich das Bewußtsein nicht verändert. Alle Gedanken arbeiten völlig normal. Was nun geschieht, hängt ganz von der Entwicklung der Seele ab, von der Liebe und vom Glauben, vom Charakter und von allen irdischen Taten! Man sagt bei euch, daß das ganze Leben in Sekunden noch einmal vorbeizieht. Nein, das ist nicht der Fall. Zwar tauchen Fragmente früherer Erlebnisse auf, die längst vergessen waren. Wenn es sich zum Beispiel um große, ungesühnte Fehler handelt, so erschrecken diese Menschen, weil sie plötzlich vor der Tatsache stehen, daß es keinen Tod gibt, wie sie ihn sich immer vorgestellt hatten. Sie wissen nun, daß sie nicht so ohne weiteres davonkommen können. Anders ist es mit einem guten Menschen, der ebenfalls erkennt, daß sein Leben weitergeht und nun froh darüber ist, mit neuer Kraft in eine andere Welt zu gehen. Das geistige Auge erkennt ein mattes Licht, das ihm die andere Daseinsform bietet. Denn noch kann es nicht scharf sehen. Aber die Seele erkennt jene Gestalten von Freunden, die sie besuchen und nun freudig empfangen. Die Freunde von Atheisten und

Materialisten, die ihr Leben falsch und gottwidrig gelebt haben, sind schrecklich anzuschauen. Dazu kommen noch die schrecklichen Gerüche, die unerträglich sind. Das alles erscheint euch wie ein Märchen, wie ein Aberglaube. Doch keiner kann diesem Erlebnis ausweichen, nicht einer! Wer sich bemüht, Christus nachzueifern, wer nach seiner echten Lehre gelebt hat, der hat es besser. Er spürt es sofort am wunderbaren Blumenduft, den seine geruchsempfindliche Seele umweht. Er sieht helle und schöne Seelen, die ihm freundlich begegnen. Diesem Erlebnis folgt bald eine vorübergehende Bewußtlosigkeit, weil die letzte Trennung vom Körper stattfindet. Doch dann erwacht die Seele mit unvorstellbaren Sinneskräften in einer Sphäre, die je nach dem Reifegrad der Seele angepaßt ist. Jeder Mensch bereitet sich die Art seines Sterbens und des neuen Aufenthaltsortes im Jenseits durch seine Geisteshaltung selbst vor. Es liegt an euch!

Die meisten Menschen stellen sich unter dem Tod ein endgültiges Ende ihres Bewußtseins vor. Hier muß die Unwissenheit bekämpft werden. Stimmt das?

Der Tod ist keine Tragödie für die, die ihn erleiden, sondern nur für die Hinterbliebenen. Wenn jemand von der Dunkelheit ins Licht geht, so ist das doch kein Grund, darüber traurig zu sein. All die Trauer bedeutet in Wirklichkeit nur einen Kummer wegen des Verlustes, der euch persönlich traf. Aber die Tränen können dem nicht gelten, der in Wahrheit befreit wurde. Der Hinübergegangene leidet zum Beispiel nicht länger an den Erkrankungen des menschlichen Körpers, und die Verwüstungen der Krankheit treffen ihn nicht mehr. Nun kann er alle seine Gaben, mit denen er ausgestattet wurde, entfalten und sie frei von allen Fesseln zum Ausdruck bringen. Er ist nun imstande, denen große Dienste zu leisten, die danach verlangen. Ihr aber vermißt nur die gewohnte Gegenwart. Ihr sehnt euch nach der Person, die ihr nicht mehr seht. Das Wirkliche aber ist immer vorhanden, auch wenn es für euch nicht mehr greifbar ist. Schaut hinter die Welt der Empfindung, hinter die fünf unreifen, unfertigen Fenster der Seele und versucht, etwas von der Weisheit zu sammeln, die mit dem Wissen der spirituellen Wirklichkeit kommt. Der Tod hat keine Macht über das Leben. Das Leben triumphiert immer und derjenige, den ihr geliebt habt, hat euch nie verlassen. Wahr ist, daß der Tod ihn euch im Geiste näher bringt. Ich weiß, daß es für euch schwer zu verstehen ist. Ihr lebt in einer physischen Welt und seht alles mit körperlichen Augen. Alle Glorie des Geistes ist euch verhüllt. Aber wenn eines Tages der Schleier gelüftet ist und ihr eure geistigen Augen öffnet, werdet ihr den zauberhaften Glanz eines neuen Lebens erblicken. Ihr werdet erleben, daß es einen vollkommenen Ausgleich für alles gibt und daß die göttliche Gerechtigkeit weise über alles regiert.

Können wir für das Wort ‚Sterben' auch ‚entseelt' sagen?
Ja, das käme der Wahrheit nahe. Für die Erdenmenschen heißt ‚Sterben': ‚Nun ist es aus!' Entseelt ist allerdings nur der Körper. An der Seele ändert sich zunächst gar nichts. Es gibt ein vegetatives Leben. Es gibt aber auch ein beseel-

tes Leben. Ein Mensch kann sich bewegen und atmen, essen und trinken, und dennoch kann seine Seele schon fort sein. Dieser Mensch lebt dann vegetativ. Ihr würdet sagen, er habe sein Bewußtsein nicht mehr zurückerlangt. Das Wort ‚Tod' ist für den Menschen überhaupt nicht angebracht, es führt zu falschen Schlüssen.

Das Wort ‚Tod' wird mißbraucht und hindert die ganze Menschheit an einem echten geistigen Fortschritt. Was sagst du dazu?
Wenn ein Mensch stirbt, seinen Körper auf Erden zurückläßt und somit in das Geistige Reich kommt, so ist das nicht nur ein Tod, sondern zugleich eine geistige Auferstehung. Doch wenn ein Kind auf der Erde geboren wird, so ist das nicht nur ein Tod, sondern eine geistige und fleischliche Auferstehung in der Materie. Das sind die wichtigsten Entwicklungsereignisse des Menschen. Hierin liegt der ganze Sinn des menschlichen Daseins. Denkt darüber gut nach! Wenn der Körper entseelt wird, ändert sich an dem Körper der Kontakt zur Seele. Es reißt ein geistiges Band, das die Seele mit dem Körper verbindet. Doch an der Seele ändert sich überhaupt nichts, denn nur der Körper ist abgeschaltet. Es kann sogar vorkommen, daß ein menschlicher Körper mit medizinischer Kunst noch am Leben gehalten wird, während die Seele schon weit vom Körper entfernt ist und bereits eine totale Trennung stattgefunden hat. Der medizinische Irrtum besteht darin, daß die Wissenschaft leider annimmt, daß die Seele eine zeitbegrenzte Produktion des Körpers sei.

Welche Bezeichnung ist wohl die beste für den menschlichen Tod?

Trennung der Seele. Tod ist das, was die Erinnerung sterben läßt. Alles andere ist Leben! Das Wort ‚Tod' bedeutet den Zerfall des materiellen Körpers. Die Seele wird entlassen beziehungsweise freigegeben. Sie kehrt in ihr großes Zuhause zurück, denn sie war nur in einer Schulklasse des Lebens. Ihr alle seid in eurem Leben schon sehr oft gestorben, wenn es sich um den Zerfall des Körpers handelt, denn der Körper wird sehr oft erneuert, ohne daß ihr Kenntnis davon habt. All den Körperzellen, die in euch sterben, trauert ihr nicht nach. Der Tod ist also ein sehr irdischer Begriff, der die Auflösung der Materie bedeutet. Doch was den Menschen betrifft, so tritt er in ein neues Leben ein, das sich in ganz anderen Dimensionen abspielt. Der Mensch nimmt Abschied von seinem vertrauten menschlichen Körper, der ihm so lange gedient hat. Er entzieht sich der Wahrnehmung seiner Mitmenschen, während diese seiner Wahrnehmung nicht entzogen sind. Gegen den Begriff ‚heimgegangen' ist nichts einzuwenden, denn der Mensch geht nach seinem irdischen Ableben dorthin, wo er eigentlich hingehört und auch Freunde hat. Bei der Auffassung, die man als allgemein bezeichnen kann, sieht es vergleichsweise so aus: Es ist, als wolle ein Kapitän, der ein vollbesetztes Schiff steuert, einen Eisberg ignorieren, weil er nur die Spitze aus angeblich sicherer Entfernung sieht. Der größte Teil des Eisbergs befindet sich unter der Wasseroberfläche. Genauso wird das ungeheure Jenseits völlig ignoriert. Die Menschen wollen nicht sehen, was hinter diesem Leben steckt. Mit diesem Problem hatte schon Christus seinen Ärger, deshalb sprach er in Gleichnissen, um verstanden zu werden. Die Menschen haben nur in den seltensten Fällen die Gabe, wirklich abstrakt zu denken. Daher kann man diesen Menschen nur mit konkreten, bildhaften Vorstellungen etwas erklären. Auch das Nachdenken über das Jenseits will gelernt sein!

Was ist Leben?
Es gibt überhaupt keinen Tod, sondern nur Leben. Aber es gibt veränderte Lebensumstände. Alles, was sich bewegt, ist Leben, sogar ein Stein hat Leben in sich. Alles ist durch die Liebe Gottes und durch seinen Willen entstanden. Vom Leben des Menschen fällt nur die Materie ab, aber er bleibt dennoch lebendig. Die göttliche Schöpfungskraft wird laufend abgezapft und mißbraucht, so wie es im Diesseits jetzt besonders der Fall ist. Wenn die positiven Seelen den negativ eingestellten Seelen das Licht bringen, so halten diese ein Faß darunter, um das Licht möglichst abzuzapfen, und es dann negativ auszuwerten. Für diese negativ eingestellten diesseitigen und jenseitigen Seelen ist das Wort ‚tot' am richtigen Platz. Diese Seelen haben kein Gefühl für eine andere Seele.

Viele Menschen sind der Ansicht, daß sie es schon merken werden, ob sie nach dem Tode weiterleben werden oder nicht. Was sagst du zu dieser Einstellung?
Natürlich merkt das schließlich jeder. Aber seine jenseitige

Position hat dann nichts mehr mit der irdischen Position zu tun. Das stuft jeden Menschen anders ein. Man verliert unter Umständen Jahrhunderte der Entwicklung.

Wenn wir sterben und in das Geistige Reich gehen, was verlieren wir dann auf dieser Welt, und was gewinnen wir auf der anderen Seite?
Ihr verliert dann eure Vergangenheit, denn ihr wißt genau, wie weit ihr positiv oder negativ seid. Doch im anderen Reich könnt ihr den Weg der Erlösung gehen, wenn ihr einen positiven Anfang gemacht habt. Dann werdet ihr von der negativen Vergangenheit befreit, weil euch eine solche Vergangenheit nicht mehr interessieren soll. Ihr sollt das Ziel neu erkennen und nicht mehr nach hinten schauen. Das Ziel liegt in der Zukunft und nicht in der Vergangenheit.

Man spricht vom Übergang in das Geistige Reich. Was ergibt sich dabei Besonderes?
Im Geistigen Reich erlangt die Seele eine verbesserte Wahrnehmung und ein schnelleres Denken. Die Scheuklappen geistiger Voreingenommenheit fallen weg. Die Interessen verschieben sich, da ja die Lebenserhaltungsorgane wegfallen und das Geld nicht mehr zählt.
Die geistigen Interessen haben den Vorrang, aber nur bei jenen, die gewillt sind, davon Gebrauch zu machen. Sigmund Freud und C.G. Jung haben als Psychoanalytiker nur bedingt recht, denn ihnen fehlte die geistige Erkenntnis.

Jene Menschen aber, die so eine Erkenntnis haben, werden ausgelacht.

Was ist grundsätzlich über den Tod zu sagen?
Legt alle Ungewißheit beiseite, denn der Tod ist nur eine Änderung eures Zustandes. Aber er läßt euch alles, was ihr geistig erworben habt, was geistig existiert, das heißt alle Erfahrungen, Erinnerungen, alle Sinneswahrnehmungen, euer Denkvermögen, eure Sprache, eure Individualität. Nur euer Körper verliert alle Schwere und alle materiellen Nachteile. Im übrigen bleibt euch auch euer Körper, aber er ist dann nur ein anderer Stoff, den ihr zwar schon immer hattet. Im anderen Dasein gibt es andere Gesetze, und diesen müßt ihr euch fügen. Es gibt keine Ausnahme. Die Macht des Großen Planers ist im Reiche des totalen Geistes unvorstellbar größer als im Reich der Materie, des erstarrten Lichtes. Darum lebt auf, aber tut es richtig!

Die medizinische Wissenschaft ist der Ansicht, daß das Leben stirbt, also völlig ausgelöscht werden kann. Was ist dazu zu sagen?
Ein menschlicher Körper ist nur materiell, doch die Seele ist spirituell. Ein lebloser Körper kann nicht leben. Aber in dem Augenblick, wo er eine spirituelle Energie erhält, erwacht er zum Leben. Die spirituelle Energie kann nicht sterben, sie kann einfach nicht verlöschen. Wenn das Leben aus einem Körper entweicht, so verlischt es nicht wie eine Flamme, sondern trennt sich nur von der Materie. In diesem Augenblick entsteht für beide Teile eine

Selbständigkeit, und die Wechselbeziehungen hören auf.

Wird der Mensch am Ende seiner Tage von Gott aus dem Leben gerufen?

Die Theologie hat einen Irrtum aufgebracht, daß die Menschen von Gott abberufen werden. Wenn ein Mensch auf Erden stirbt, so wird er nicht abberufen, sondern das ist eine ganz natürliche Sache. Wenn der Körper nicht mehr funktioniert, so daß die Seele mit ihm keinen Kontakt mehr haben kann, so trennen sich Körper und Seele. Da ist es ganz gleich, ob der Mensch natürlich oder unnatürlich stirbt. Die guten Menschen sterben nicht nur jetzt, sondern das hat sich noch nie geändert. Immer müssen neue Menschen die Arbeit anderer fortsetzen. Es wird immer so sein. Alles folgt den Gesetzen Gottes. Die Fügung ruft dich zu gegebener Zeit ab. Der Tod vollzieht sich nach den natürlichen Gesetzen. Ob ein Mensch auf diese oder jene Weise stirbt oder früher oder später, das hat normalerweise nichts mit dem Willen Gottes zu tun. Das Geistige Reich kann wohl in vielen Fällen Hilfe und Schutz gewähren. Aber das Geistige Reich ist für den Tod eines Menschen nicht verantwortlich und fast machtlos. Heilende Kräfte können allerdings vom Geistigen Reich aus wirksam werden. Der Tod ist der Einzug in die Geistige Welt, denn dann gibt der Geist das Fleisch frei. Man kann auch sagen, daß die Materie vor dem Geist kapituliert.

Die meisten Menschen fürchten sich vor dem Tod, weil sie ihn für schmerzhaft halten.

Denkt daran, daß nur das Gewissen schmerzt, aber nicht das Sterben! Furcht ist verständlich, es kommt dabei auf das wie an. Ein positives Leben wirkt sich auf die Sterbestunde aus. Auch der Schutzpatron kann das Sterben sehr erleichtern. Wer jedoch negativ gelebt hat, soll sich allein wähnen, obgleich er beobachtet wird. Diese Menschen glauben, es bleibt nicht einmal ein kleiner Rest von ihnen übrig. Sie zweifeln an der geistigen Existenz. Dieses Thema ist ihnen ungemütlich, darum befassen sie sich nicht mit dieser Wahrheit. Sie belügen und enttäuschen sich selbst, indem sie darüber spotten, denn sie lehnen ja auch die göttliche Existenz ab. Darum gehen sie auch meistens ohne Skrupel direkt auf ihr irdisches Ziel los. Doch wenn sie in ein höheres Alter kommen, regt sich bei ihnen das schlechte Gewissen. Doch wie ich schon oft sagte, die Kirche ist nicht schuldlos daran. Sie hat keine Repräsentanten der Wahrheit. Sie alle setzen sich lieber für die Lüge ein, und darum steht das Wissen über Gott an letzter Stelle. Das Wort Gottes wird falsch gelehrt. Diese Tatsache geht von Generation zu Generation ohne Änderung weiter.

Bei Versuchen, Menschen über das persönliche Weiterleben nach dem Tode aufzuklären, haben diese meistens sofort eine ablehnende Antwort zur Hand. Wenn man fragt, aus welchen Quellen sie ihre Ablehnung bezogen haben, so zucken sie mit den Schultern und sagen: Das weiß doch heute jeder Mensch. Was sagst du dazu?

Es wäre ein Idealzustand, wenn die Menschheit ohne Wissen von einem Weiterleben nach dem Tode, ohne Wissen von einer Reinkarnation und von der Ursache und Wirkung, ohne Wissen von der Existenz Gottes den nächsten Menschen achten und lieben würde und ihm Gutes erweisen würde. Wenn der Mensch nur gut am Nächsten handelt, weil er weiß, daß ein schlechtes Tun für ihn karmisch zum Bumerang werden muß, dann ist zwar der Menschheit und auch Gott gedient, aber ein echter Liebesbeweis des Menschen ist es nicht, denn er tut damit nur sich selbst einen Gefallen. Das ist der Grund, warum ein wilder Naturmensch manchmal schneller in höhere Sphären gelangen kann, als ein zivilisierter, sogenannter aufgeklärter Mensch. Solange es einem Menschen gut geht, hat er kein Bedürfnis nach Belehrung in dieser Weise. Doch oft lehrt die Not beten. Andere möchten gerne in den ‚Kirchenhimmel', ohne daß sie sich um ein besseres eigenes Niveau kümmern müssen. Daher hören sie auf die Worte der Kirchenverantwortlichen, die ihnen einen solchen Himmel versprechen, weil ihnen eingeredet wird, daß Christus als Prügelknabe schon die Strafe für sie am Kreuz erduldet hat. Kein Wunder, daß man da vor einer Reinkarnation oder einem Karma ausrückt, zumal die Wahrheit mit einer etwas mühevollen Selbsterlösung zusammenhängt.

Über den Augenblick des Todes

Warum fürchten sich viele Vertreter der Naturwissenschaft vor dem ewigen Leben?
Sie fürchten sich davor, weil sie ahnen, daß sie dann beurteilt werden und Buße leisten müssen.

Gibt es Fälle, wo ein menschliches Leben normalerweise abgelaufen wäre, aber nach göttlichem Willen dennoch verlängert wird?
Normalerweise ist eine menschliche Erdenmission mit 70 Jahren beendet. Nach dieser Zeit wird sich der Mensch kaum mehr ändern, er muß seine Zeit also schon vorher zur geistigen Läuterung genutzt haben.

Wenn ein Mensch ein bestimmtes Alter erreicht hat, aber keine Kraft mehr zum Leben hat, kann es verlängert werden?
Das ist oft der Fall, wenn Aussicht auf eine gute Läuterung besteht oder eine wichtige Mission zu erfüllen ist. Doch bei eigensinnigen, gottlosen Menschen ist das unmöglich.

Wenn man Tote betrachtet, so ist deren Gesichtsausdruck sehr unterschiedlich. Manche sehen sehr friedlich aus, andere dagegen sind entstellt. Hat das eine Bedeutung?
Der Sterbende nimmt bereits das Jenseits wahr. Was er sieht, beeindruckt ihn selbstverständlich sehr. Ein guter Mensch sieht bereits sehr schöne Seelen, doch die schlechten Menschen sehen Fratzen, vor denen sie sich fürchten.

Ich will euch jetzt noch das Verhältnis zwischen Seele und Körper erklären. Stellt euch vor, ihr besitzt ein Auto, mit dem ihr noch nicht lange fahrt, und es gefällt euch auf Grund seines guten Aussehens und besonders wegen seiner Leistungsfähigkeit. Mit diesem Auto fahrt ihr nun schon sehr lange, es nutzt sich dabei ab. Nur ihr selbst, die ihr das Auto lenkt, nicht. Hättet ihr, nachdem das Auto schrottfähig wäre, noch Interesse, damit zu fahren? Bestimmt nicht. Wenn man einen neuen Wagen bekommen könnte, würde man den alten verschrotten lassen und den alten dann auch bald vergessen, in der Freude über den neuen Wagen.

Ist die Art, wie jemand stirbt, von Bedeutung?
Ja, da gibt es einen Unterschied. Wenn jemand das Wissen hatte und natürlich lebte, also ohne sich durch eine unvernünftige Lebensweise geschadet hat, so ist der Prozeß des Sterbens einfach und ohne Aufregung und Schmerzen. Doch die meisten, die eure Welt verlassen, um ins Geistige Reich zu kommen, sind leider ungeheuer unwissend und dadurch hilflos. Dazu kommt noch, daß viele, die zu uns kommen, ihre Zeit auf Erden durch falsche Lebensweisen oder durch einen Freitod vorzeitig beendet haben. Ihre Früchte sind noch unreif. Ihr wißt jedoch, daß grüne, unreife Früchte sauer und ungenießbar sind. Das ist ein Vergleich, aber er stimmt. Aus diesem Grunde müssen die Seelen gepflegt und unterwiesen werden, bis über ihr weiteres Schicksal entschieden wird. Wenn alle Menschen das spirituelle Wissen hätten, wäre es viel einfacher. Beim

Sterben kommt es nicht so sehr darauf an, wie der Körper beschaffen ist, sondern in welcher Verfassung sich der Geist befindet.

Der Mensch wird, wenn er alt wird, in vielen Fällen kindisch.
Ihr wollt linksherum fahren und das Auto fährt weiter geradeaus. Ihr hupt und das Gehupe ist kaum noch zu hören. Ihr drückt das Gaspedal, es bleibt stecken und die Bremse funktioniert nicht. Die Seele in einem alten verbrauchten Kleid möchte etwas zum Ausdruck bringen, für jemanden verständlich, doch sie kann das nur über das Werkzeug ‚Mund'. Was nun, wenn das Relais nicht funktioniert und den von der Seele gegebenen Befehl falsch weiterleitet an den Mund? So kommt etwas ganz anderes heraus als beabsichtigt war.

Es ist vorgekommen, daß Menschen in der Sterbestunde wieder ganz klar sind, trotzdem sie vorher geistesgestört waren. Man hat später festgestellt, daß das Gehirn völlig in Auflösung war.
Dann hat sich die Seele schon vom Relais soweit abgesetzt, daß man vom Astralzustand reden kann. In diesem Fall war der sterbende Körper Medium der eigenen Seele, des Geistes.

Welcher Art sind die Nachteile, wenn sich die Seele noch nicht ganz vom Körper getrennt hat?
Die Seele wird dann von einer Art Krankheit befallen, die

erst ausgeheilt werden muß. Aber es ist nicht nur eine geistige Nabelschnur, die in Betracht kommt. Neben dieser Silberschnur, wie ihr sie nennt, gibt es noch viele andere Strahlenverbindungen immaterieller Art. Auch diese Verbindungen lösen sich beim Atheisten langsamer. Im Winter ist die Loslösung etwas langsamer, als in warmen Tagen. Im Grunde genommen dauert es zwei bis drei Tage.

An welcher Stelle des materiellen Körpers entweicht die Seele?
Bei einem Sterbenden zieht sich die Seele aus der Herzgegend heraus und steigt empor. Die Seele zieht ihre eigenen Strahlen aus der Körperaura heraus.

Geben brennende Kerzen bei der Aufbahrung dem Hingeschiedenen irgendeine Hilfe?
Ja, unbedingt, denn sie halten niedere Geistwesen fern. Das ist wichtig, wenn die Seele noch nicht ganz aus dem Körper ausgezogen ist. Aber die Seele sollte einen freien Ausgang nach draußen haben. Darum ist es gut, das Fenster wenigstens einen Spalt zu öffnen. Diese Seelen haben noch keine Übung im Durchdringen der Materie.

Manche Leute öffnen das Fenster, wenn jemand stirbt, damit die Seele freien Ausgang hat. Ist das richtig?
Eine Seele, die gerade erst aus ihrem Gefängnis, dem Körper, entweicht, ist noch stark materiell verhaftet. Es ist daher gut, wenn sie durch ein offenes Fenster gehen kann. Auf diesem Wege kehrt sie auch öfter in die Wohnung zu-

rück. Für erdgebundene Seelen stellt die Materie ein gewisses Hindernis dar. Freie Seelen, die höheren Sphären angehören, durchdringen die Materie leichter.

Uns interessiert der Augenblick des Todes. Wie geht das vor sich?
Der Tod ist unterschiedlich, es kommt darauf an, wie der Mensch stirbt; ist die Todesursache plötzlich, ohne daß der Mensch etwas merkt, oder handelt es sich um einen langsamen, qualvollen Tod. Dann kommt noch hinzu, wie derjenige gelebt hat. Meistens ist es so, als ob der Mensch aus einem Traum erwacht. Nach diesem Erwachen befindet er sich im Jenseits. Nun kommt es darauf an, wie er gelebt hat. Wenn er halbwegs positiv gelebt hat, steht er nicht allein da, sondern sein persönlicher Schutzpatron wartet auf ihn.

Warum phantasieren alte Leute und Sterbende so oft?
Alte Leute führen oft Selbstgespräche, weil sie sich schlecht konzentrieren können. Darum sprechen sie ihre Gedanken laut aus. Sterbende sprechen bereits mit den Wesen im Jenseits. Ihre Seelen werden langsam gelockert.

Kann man beim Tod eines Menschen den Austritt des Astralkörpers fotografieren?
Ich weiß, ihr sucht eine Möglichkeit, um die Existenz der Seele vor der Wissenschaft eindrucksvoll zu beweisen. Um den Astralkörper zu fotografieren, bedarf es einer Materialisation. Zu einer Materialisation gehört ein Me-

dium, das den Stoff dazu hergibt. Es gibt aber auch Ausnahmen, wo die Natur, zum Beispiel das Moor, den Materialisationsstoff liefert. Es ist aber nicht ausgeschlossen, daß die Technik einen Apparat entwickelt, mit dem man Geistwesen fotografieren kann.

In welchem Zeitraum verläßt die Seele den Körper?
Das ist unterschiedlich. Es kommt darauf an, ob es sich um einen Materialisten handelt oder um einen guten, gottgläubigen Menschen. Materialisten sterben einen unangenehmen Tod. Doch dem, der an Gott glaubt, wird geholfen. Gottlose Seelen wollen sich meistens nicht vom Körper trennen, und das führt zu Qualen.

Wir haben einmal gelesen, daß die Seelen, die ins Geistige Reich kommen, einen Kampf zwischen zwei Mächten auszufechten haben. Gut und Böse ringen um die Seele. Wie ist das?
Die bei uns ankommenden Seelen haben eigentlich keinen Kampf zu bestehen. Aber extremes Ringen zwischen Gut und Böse haben nur sehr schlechte Seelen zu bestehen, zum Beispiel Gewaltverbrecher und grausame Herrscher. Gerade an diesen Seelen hat das Negative das größte Interesse, um die diabolische Hierarchie zu vergrößern. Allerdings verändern sich die Sphären, da auch diese einer Entwicklung unterworfen sind. Alles ist immer in Bewegung. Nichts steht still im Universum und im Geistigen Reich!

Nach dem Tod

Welchen Eindruck hat die Seele zuerst, wenn sie im Geistigen Reich ankommt?
Sofern es sich um die Entkörperung handelt, den ihr den Tod nennt, so erwacht die Seele auf einer großen Wiese. Es ist nichts weiter zu sehen als ein herrliches Blau, und dazu ertönt eine harmonische Musik. Die Musik soll der Seele innerlich eine Beruhigung geben und ihr zeigen, daß sie vor Gottes Tor angekommen ist. Ist die Seele wieder stark genug, so wird sie wie ein Lehrling geführt. Doch die Seele muß sich anpassen.

Wir sind bei einem Thema, das viel größer ist, als man ahnt. Da ergibt sich die bedeutende Frage, was den Menschen erwartet, wenn er tot ist?
Der Mensch wird nach seinem Tode auf die strengste Weise mit seinem Gewissen konfrontiert. Ohne den materiellen Körper ist der Mensch diesem eigenen Gewissen vollkommen ausgeliefert.

Was erwartet einen Künstler oder Philosophen im Geistigen Reich?
Es erwartet ihn eine neue Erfahrung, die jemand, dessen hervorragende Leistungsfähigkeit schon jahrelang sichtbar war, entzücken wird. Abgesehen von dem anfänglichen Schock, der bei der Erkenntnis kommt, daß individuelles, bewußtes Leben nicht mit dem Tode endet, gibt es später ein wunderbares Erwachen aller Fähigkeiten des Geistes

und der Seele, wenn die unendlichen Variationen des zu erlangenden Wissens erkannt werden. Das Wesen ist hocherfreut, wenn es beginnt, den Wert der Weisheit, des Wissens, der Wahrheit und all das Verständnis der höheren Form der künstlerischen Fähigkeiten, die ihm offenstehen, zu erfassen. Die Freuden eines gelösten Geistes, befreit von der Sklaverei des physischen Körpers, eines Geistes, der zu sich selbst findet, der Genuß der Freuden einer viel größeren Existenz ohne die Fesseln des Fleisches ist das Thema, das zu seiner vollen Erklärung das Wissen eines überragenden Künstlers benötigt. In welcher Richtung der fragende Geist auch sucht, sei es im Reiche der Wissenschaft, Kunst, Philosophie oder Moral: Wissen jeder Art erwartet ihn. Nicht nur die Inspiration aller Zeiten, sondern die Weisheit aller erleuchteten Seelen, die bereit sind, jeden zu unterweisen, der fähig ist, das neue Wissen zu empfangen, wird ihm zuteil. Was ihn erwartet ist ein frohes, geistiges Abenteuer, dessen er nie müde wird. Zuerst werden die persönlichen Verbindungen hergestellt, die Vereinigung mit alten und neuen jenseitigen Freunden.

Hängt die Unterdrückung des Gewissens mit der Ablehnung des Wissens über das Fortleben nach dem Tode zusammen?

Nicht unbedingt. Es ist auch eine Frage der Verbildung. Diese Lehre vom Fortleben nach dem Tode ist vielen sehr unbequem, während sie für andere ein großer Trost ist. Bildung kann auch Verbildung sein. Hier liegt ein gewaltiger Fehler.

Wenn jemand in ein fremdes Land reisen muß, so wird er sich über dieses Land informieren. Das Geistige Reich ist für jeden Menschen ein fremdes Land, in das er einmal reisen muß. Er weiß von diesem Reich Gottes so gut wie nichts. Wenn man einen Reiseführer für das Geistige Reich schreiben würde, was würdet ihr als ersten Satz schreiben?
Eine vom Körper getrennte Seele soll völlig demütig und aufgeschlossen das Neue auf sich zukommen lassen und gläubig auf die vollkommene Gerechtigkeit Gottes vertrauen. Der Betreffende soll zunächst keine Vergleiche mit allem Irdischen anstellen und sich frei und offen dem Neuen stellen. Selbstverständlich beginnt ein ganz neues Dasein. Hier ein kurzer Bericht eines Abgeschiedenen:
,In dem Augenblick, da ich starb, fühlte ich mich von meinem Körper befreit. Es war dies so ein seltsames Gefühl. Ich stand ganz nahe an der Seite des Bettes, auf dem mein Körper lag und sah alles im Zimmer, wie ich es imstande gewesen war, bevor ich meine Augen schloß. Ich fühlte nicht den geringsten Schmerz, als ich starb, sondern nur unendliche Ruhe und Frieden. Dann erwachte ich und stand außerhalb meines Körpers im Zimmer. Zuerst war niemand da, nur ich mit meinem alten Körper. Unwillkürlich wunderte ich mich, daß ich mich so wohl fühlte. Dann aber wurde mir bewußt, daß ich hinübergegangen war. Dann fühlte ich, daß eine Flut warmen Lichtes ins Zimmer gedrungen war, und mich umblickend sah ich einen Engel. Sofort merkte ich, daß es ein weibliches Wesen war, und sie kam auf mich zu und sprach: ,Ich bin gesandt, dich die Gesetze des neuen Lebens zu lehren'.

Und als ich aufsah, berührte sie mich mit der Hand und sagte: ‚Wir müssen gehen'. Dann verließ ich das Zimmer und meine arme, alte Hülle und trat hinaus. Es war alles so eigentümlich. Die Straßen waren voll von Geistern. Ich konnte sie ganz gut sehen, als wir vorüberschritten. Sie sahen genauso aus, wie unseresgleichen. Mein Engel war ganz in weiß gekleidet. Zuerst gingen wir durch die Straßen, dann schwebten wir durch die Luft, bis wir an einen Ort kamen, wo wir mit den Freunden zusammentrafen, die vorausgegangen waren. Ich traf viele meiner irdischen Freunde und Verwandte wieder. Sie erzählten mir viel über die Geisterwelt. Sie sagten mir, ich müsse nun ihre Gesetze lernen und mich, so gut ich es könnte, nützlich machen. Der Engel, der die ganze Zeit über bei mir blieb, half mir, das zu begreifen. Als ich anfing, mich zu bewegen, ging ich, wie ich es gewohnt war, und es schien mir ganz natürlich. Mein Führer schritt neben mir und wir sahen die Welt, so wie sie war, mit Geistern bevölkert, die sich unter den Menschen bewegten. Zuerst konnte ich nicht klug daraus werden. Mir kam es vor, als wären es lauter lebende Leute. Dann aber bemerkte ich, daß die Geister mühelos durch die Materie hindurchgingen und sich fortbewegen konnten, wie es bei physischen Körpern unmöglich ist. Und hierauf machte ich meine ersten Erfahrungen mit der neuen Freiheit in der Bewegung. Die Erde schien unter meinen Füßen kleiner zu werden. Nun ging es mit unendlicher Schnelligkeit durch den unendlichen Raum. Ich fühlte die Raschheit der Bewegung erst, als wir stillstanden und ich merkte, wie weit wir in kurzer

Zeit gekommen waren. Wir befanden uns keineswegs mehr auf der Welt. Wir hatten unseren Planeten verlassen und eilten durch den Himmelsraum'.

Trotzdem sind die Berichte über das Jenseits für viele Menschen nicht interessant genug. Doch wenn man etwas darüber erfährt, wird es für Phantasie gehalten. Gibt es überhaupt eine Möglichkeit, mehr darüber bekannt zu machen?
Ja, aber erst dann, wenn die Religionen berichtigt werden. Was diese Religionen lehren, kann vom gebildeten Menschen nicht mehr akzeptiert werden. Das sollten die Kirchen einsehen und sich bemühen, mehr Wahrheiten und Realitäten in ihre Lehren zu bringen. Auch die Kirchen könnten den Gottglauben sehr interessant machen, wenn sie nur den Mut hätten, sich von alten Überlieferungen freizumachen. So lange die Kirchen am Alten festhalten, werden sie sich immer mehr dem Spott aussetzen. Darum treten immer mehr Menschen aus der Kirche aus.

Die meisten Menschen interessieren sich nicht für das Jenseits, auch wenn sie christliche Kirchgänger sind. Gibt es überhaupt eine Möglichkeit, ihr Interesse zu wecken?
Das Jenseits besteht nicht aus gestaltlos umherirrenden Gedanken. Es ist das Geistige Reich, und da Gott Geist ist, ist es sein Reich. Dieses Reich besteht aber nicht nur aus Finsternis, sondern es gibt auch ein Paradies, würdig, ein Reich des Allmächtigen zu sein. Ihr kritisiert jeden Glauben, der eine andere Lebensform bejaht. Aber euch

fehlen die notwendigen Erfahrungen, denn diese sind nur ganz bestimmten Menschen zugänglich. Leider halten die meisten Menschen diese Hochsensitiven für Lügner oder getäuschte Kranke. Die Wahrheiten über das Jenseits müssen auch an junge Menschen herangetragen werden. Außerdem müssen sie so verständlich sein, daß sie nicht erst nach langem Studium zu begreifen sind. Da die Rauschgiftsucht so stark verbreitet ist, kann man diese ‚Trips' sehr gut verständlich machen, denn diese Rauschgiftsüchtigen unternehmen diese ‚Trips' bereits in die Regionen des Geistigen Reiches, jedoch in die niederen Sphären des Geistigen Reiches! Trotzdem ist hier ein Schlüssel gegeben, wie es begabten und erkenntnisreichen Schriftstellern gelingen könnte, die Wahrheit sinnvoll zu verbreiten. Ein solches Buch kann über tausend Traktate ersetzen.

Ist der Tod dem Menschen vorbestimmt? Falls ja, hat die ärztliche Wissenschaft und Ernährungswissenschaft zur Verlängerung des Lebens keine Möglichkeiten, um darauf Einfluß auszuüben?
Der Tod ist im gewissen Sinne vorbestimmt, nicht jedoch auf die Minute.
Jedoch gibt es Wunder, und die Medizin ist dazu da, um das Leben zu verlängern, das sonst zu Ende wäre. Unglücksfälle stehen oft vorher fest, auch astrologisch.

Über was beklagen sich die Verstorbenen am meisten, wenn sie ins Geistige Reich kommen?

Die meisten neuangekommenen Seelen beklagen sich über das falsch verteilte Erbe, da sie jetzt erst die Wahrheit erkennen. Es gehört viel Geduld dazu, sie zum Verzeihen zu bewegen. Aber sie sind auch untröstlich über die Tränen des Angehörigen, der sie mit großer Trauer ruft.

Sind die Helfer im Geistigen Reich alle spezialisiert?
Ja, größtenteils. Es kann kein Liebender, der in einer hohen Sphäre lebt, einen anderen, für den er bürgt, zu sich heraufziehen in seine hohe Sphäre, der geistig tiefer steht oder sogar noch negativ eingestellt ist. Er müßte seine höhere Sphäre verlassen, um sozusagen in eine niedere Stufe hinabzusteigen.
Es gibt Seelen, von denen die eine die andere sehr liebt. Die eine Seele ist gut, die andere ist schlecht. In diesem Falle kann die gute Seele zu der schlechteren hinunter, wenn die Liebe so groß ist. Aber die schlechtere Seele kann sich, wenn die Liebe so groß ist, nach oben arbeiten. Man kann sich gegenseitig helfen, um in eine angenehmere Sphäre zu kommen.

In welchem Zeitraum tritt die Seele aus dem Körper aus, wenn der Tod eingetreten ist?
Es dauert etwa 4 - 5 Tage. Ein positiver, das heißt ethischer Mensch, sondert seine Seele viel leichter ab und hat auch Hilfe dabei. Doch negative Menschen, Materialisten und gottlose Menschen können sich sehr schwer vom Körper trennen, es bereitet ihnen Qualen.

Wie geht es einem Menschen, der nach seinem Tode in die dunklen Sphären kommt?
Eine solche Seele kann sich hundert Jahre lang und noch viel länger in einem derartigen Zustand befinden. Dabei friert sie und tastet vergeblich nach einem Funken Licht. Doch wenn eine solche Seele bereut, eine derart echte Reue dauert ebenfalls jahrelang, kann sich ihr ein Licht nähern, das sich dieser Seele annimmt. Ein Lichtträger oder Lichtbote versucht dann, diese Seele aus der selbstverschuldeten Dunkelheit herauszuführen, sie sehend zu machen. Doch ohne Reue und Buße vermag diese Seele nichts zu erkennen, ihre Augen bleiben solange verschlossen. Auch das Ohr öffnet sich erst, wenn die Seele ihr ganzes Tun und sich selbst bis zur letzten Konsequenz selbst erkannt hat. Gott verweigert keiner Seele die Rückkehr zum Guten. Eine solche Rückkehr dauert viel länger als ein Erdenleben.

Leider glauben die meisten Menschen, daß mit dem Tode auch das Bewußtsein erlischt.
Was kannst du uns noch dazu sagen?
Es wäre ja sehr traurig, wenn alles Erlebte und Angesammelte auf einmal ausgelöscht wäre. So naiv ist die Natur, also Gott, nicht. Im Gegenteil, das Bewußtsein wird durch den Tod erweitert!

Wenn ein Mensch hier auf Erden aus dem Leben tritt, verändert sich dann sein Bewußtsein in irgendeiner Weise?
Nein. Das Bewußtsein und die Erinnerungen bleiben so,

wie sie sind. Anfänglich macht sich nur eine Art Schlaftrunkenheit bemerkbar. Doch die Sinnesorgane arbeiten unterschiedlich. Menschen mit geringer geistiger Entwicklung haben große Schwierigkeiten mit dem Hören und Sehen. Diese Mängel geben sich oft erst nach Jahren der weiteren Entwicklung. Ganz anders ist das bei Menschen, die uns geistig näher stehen. Sie verfügen bald über ihre volle Sinnestätigkeit. Diese wird sogar bald weit übertroffen. Ein voll ausgebildeter Geist hat große Wahrnehmungsmöglichkeiten.

Wann kommt der Mensch nach seinem leiblichen Tode zum Bewußtsein?
Das ist unterschiedlich und hängt meistens von der Art des Todes ab. Im allgemeinen gelangt der Mensch nach seinem Tode ziemlich schnell wieder zum Bewußtsein und behält alle seine Sinne. Doch diese arbeiten mehr oder weniger stark, je nach seiner irdischen und geistigen Vorbereitung. Sehr materielle, selbstsüchtige Menschen büßen viel an ihrer Sinnestätigkeit ein, sie sind gewissermaßen sinnlich krank, so wie Menschen auf Erden blind oder gehörlos sein können. Diese Sinneseinschränkung wirkt sich geradezu als Strafe aus und es dauert sehr lange, bis die betroffene Seele aus diesem Zustand befreit wird. Hochentwickelte, selbstlose Menschen mit gutem Gottvertrauen und festen Charakterzügen sind in dieser Hinsicht viel besser dran. Je höher und fortgeschrittener die geistige Beschaffenheit ist, um so besser arbeiten die Sinne. Ja, sie können überscharf werden und die irdische Sinnestätigkeit weit übertreffen.

Es gibt Fälle, daß höhere Geistwesen im Jenseits durch die Materie sehen können. Andere dagegen sind stockblind.

Viele Menschen sind der Ansicht, daß der Mensch durch seinen Tod schwer erarbeitetes Wissen verliert, auch das Können. Das schreckt viele vor großen Anstrengungen zurück. Was sagst du dazu?
Es gibt positives und negatives Können. Beides bleibt euch auch noch nach dem Tode erhalten. Was auf Erden begonnen wurde, kann im Geistigen Reich fortgesetzt werden. Dem Können und Wissen sind keine Grenzen gesetzt. Aber man soll dabei bedenken, daß nur das positive Wissen und Können die Seele vorwärts bringt. Das negative Wissen und Können zieht unweigerlich herab. Und diese Stufenleiter ist ebenso endlos, wie die nach oben!

Haben die Verstorbenen eine Erinnerung an ihr Erdendasein?
Selbstverständlich, sogar eine sehr gute. Sie ist oft besser, als im Erdenleben. Alle Erinnerungen haben einen kosmischen Charakter, sie bleiben daher unendlich erhalten. Alles wird aufgenommen und nichts wird vergessen. Auf diese Weise kann jeder Mensch mit allen seinen Taten und Gedanken jederzeit konfrontiert werden. Wir sind immer gern bereit, euch zu belehren, auch wenn es sich um Fragen betreffs des Geistigen Reiches handelt. Es macht uns Freude, denn wir möchten euch das Licht der anderen Welt bringen, nicht den Tod, sondern das Leben, nicht die Angst, sondern die Zuversicht, die Liebe und das

Vertrauen. Und deshalb sind wir immer bemüht, euch zu helfen und euch Verständnis entgegenzubringen. Ihr sollt nicht glauben, ihr seid mit eurem Schicksal verlassen und völlig allein, aber ein wenig Fügung ist natürlich auch dabei.

Findet die Seele im Geistigen Reich einen Anschluß an früher gelebte Leben?
Nicht sofort. Aber in 2 - 3 Erdenjahren ist das möglich. Die Seele kann sich je nach dem Grad ihrer geistigen Entwicklung an 4 - 5 Reinkarnationen erinnern. Die Erinnerungssperre, die der Erdenmensch hat, wird im Jenseits nach und nach aufgehoben. Auf diese Weise gewinnt die Seele einen großen Überblick über sich selbst.

Stimmt es, daß viele Seelen im Jenseits noch nicht begriffen haben, daß sie gestorben sind?
Ja, das stimmt. Wir sind sehr bemüht, ihnen das klar zu machen, aber es ist sehr schwer. Diese Seelen, die zum Beispiel im Schlaf zu uns kommen, glauben, daß sie noch träumen. Sie sind dann auch sehr gleichgültig und verstehen gar nichts. Es sind zumeist jene Menschen, die sich schon auf Erden stets den Tatsachen gegenüber verschlossen hatten, die immer auf ihrem Eigensinn bestanden haben, die immer ihr Recht selbst gezimmert haben. Eine der größten Aufgaben besteht darin, diejenigen, die eure Welt verlassen haben, aber dies noch nicht glauben wollen, davon zu überzeugen, daß sie sich nicht mehr auf Erden befinden. Die einen sind sehr halsstarrig, andere weniger,

wieder andere sind sehr empfänglich. Die Gesamtheit der Menschen befindet sich nicht auf einer gleichen Entwicklungsstufe. Die Annäherung an eine Seele muß also notwendigerweise ganz auf sie abgestimmt sein. Wenn ein Mensch auf Erden stirbt, so kommt die Seele nicht gleich in einen ‚Himmel'. Sie verbleibt noch eine ziemlich lange Zeit auf der Erde, das heißt mitten unter euch. Menschen, die sehr stark an ihrem Erwerb und Besitz gehangen haben, können nicht begreifen, daß sie darauf keinen Einfluß mehr haben. Sie bemühen sich krampfhaft, sich bemerkbar zu machen und leiden darunter, daß sie es nicht können.

Ist das der Zustand, den man mit ‚Hölle' bezeichnet?
Ja, auch dieser Zustand gehört zu den sogenannten Höllenqualen. Aber die wirkliche Hölle ist eine Stätte mit vielen Sphären. Diese Stätte zu beschreiben, will ich mir und auch euch ersparen, denn man würde das alles für die krankhafteste Phantasie halten, die es gibt. Aber ich warne euch vor dieser Wirklichkeit. Der Aufenthalt übersteigt alles, was es an Angst und Entsetzen auf dieser Erde je gegeben hat. Aber es ist keine ‚ewige Verdammnis', wie es die Kirche hinstellt. Auch hier gibt es die Möglichkeit, zu entkommen. Aber es dauert enorme Zeiten. Diese niedrigen Sphären beherbergen leider allzuoft jene Menschen, die auf Erden die glanzvollsten Rollen gespielt haben. Gerade die Führer der Menschheit sinken in diesen Schlamm, weil sie kein Erkennen der objektiven Wahrheit hatten und nur in engen Maßstäben gedacht hatten.

Wie geht es einem absoluten Materialisten, wenn er zu euch ins Geistige Reich kommt?

Eure Welt lebt zu lange in dem Wahn, daß derjenige, der sich religiös nennt, einem anderen spirituell überlegen sei. Das trifft keineswegs zu. Du bist deinem Nächsten gegenüber nicht spirituell überlegen, weil du an ein bestimmtes theologisches Doktrin glaubst. Der einzige Prüfstein ist das tägliche Leben. Deine spirituelle Natur ist so, wie du sie geformt hast. Es gibt außerordentlich viele Materialisten, Atheisten, Rationalisten, welche denen spirituell überlegen sind, die da glauben, zu den Auserwählten zu zählen, nur weil sie in übertriebener Huldigung Gottes ihre Knie beugen und dabei ein falsches Kirchendogma sich zu eigen machen. Es zählt nicht, was du glaubst, sondern nur was du tust! Wäre das nicht so, würde die göttliche Gerechtigkeit verhöhnt werden. Leider ist das nur zu wahr, daß der Blick der Menschen getrübt ist, daß er so wenig von der Wahrheit sieht und andere zu retten wünscht, während er sich selbst nicht retten kann. Der, der die Welt zu verbessern wünscht, sollte bei sich anfangen! Unsere Aufgabe ist es, die ewigen Wahrheiten so einfach wie möglich zu verkünden. Wenn ihr sie einmal verstanden habt, dann müßt ihr sie weitergeben und alles aus dem Weg räumen, was euch daran hindern will. Jede Seele hat zu einer gewissen Zeit die Möglichkeit, die Wirklichkeiten zu erkennen. Der Zeitpunkt kann sich wohl verzögern, aber für immer abgewendet werden kann er niemals. Die spirituelle Entwicklung des Menschen geht durch Äonen. In der Dunkelheit der irdischen Unwissenheit gibt es keinen wirklichen Frieden und kann auch ohne eine Erleuchtung nie gefunden werden. Die Politik verhängt die Fenster der Erkenntnis, so daß kein Lichtstrahl hindurchkommen kann. Der Spiritualismus hat die hohe Aufgabe, diese Vorhänge nach und nach zu entfernen.

Wenn ein Mensch stirbt und zu euch in das Geistige Reich eingeht, weiß er dann, auf welcher Stufe er wirklich steht?
Nein, leider nicht, denn Torheit verhindert jeden wirklichen Fortschritt. Es gibt nur vereinzelte, sehr seltene Fälle, wo ein geistiger Fortschritt zu finden ist. Die Menschheit entwickelt sich nur langsam in einer Masse, aus der nur wenige hervorragen. Gott hat unendlich viel Zeit, deshalb ist die Entwicklung der Erdenmenschen nur eine Frage der Zeit.

Wie wird im Jenseits die Läuterung der Seele fortgesetzt?
Es muß der ehrliche Wille vorhanden sein, den guten Kräften nicht zu widersprechen, sondern sich zu fügen und sich belehren zu lassen.

Um nach dem Ableben in eine möglichst hohe Sphäre zu kommen, was muß man da besonders beachten?
Die reine Liebe ist das, was unbedingt erforderlich ist. Auch wenn die Entwicklung eines Primitiven vielleicht noch mehrere Stufen durchlaufen muß, so kann er doch in eine höhere Sphäre gelangen, weil er dort gebraucht wird und von großem Nutzen sein kann, denn er kann die Verwalter des Geistigen Reiches unterstützen, weil er eine

große Ausstrahlungskraft wirklicher Menschenliebe hat. Die Liebe zum Mitmenschen ist nämlich eine absolut göttliche Liebe!

Wie verhält sich ein Atheist, wenn er ins Jenseits kommt?
Diese sind sehr stur. Sie stehen lange auf dem Standpunkt, daß sie doch recht haben und alles nur eine Einbildung ist. Die Atheisten denken genauso weiter, wie in der Materie. Ein Atheist versucht auch im Jenseits allem aus dem Wege zu gehen, bis er deutlich spürt, daß er im Reiche Gottes ist. Dann gibt er das Spiel seiner Selbsttäuschung auf. Erst durch diesen Schock ist er fähig, sich zu läutern.

Wenn die Erdenmenschen nach ihrer Entkörperung in das Geistige Reich gehen, so ändert sich doch nichts an ihrer Einstellung, das heißt, daß ein Kommunist ein Kommunist bleibt und ein Demokrat ebenfalls ein Demokrat. Wie verhält sich das Geistige Reich zu diesen Menschen?
Die geistigen Realitäten geben bei uns jeder irdischen Weltanschauung ein ganz anderes Gesicht. Nicht immer sofort, aber meistens. Nur die ganz eingefleischten Egoisten geben sich nicht mit den Realitäten ab. Es würde zu weit führen, um alles aufzuzählen.

Was verstehst du unter ‚Realitäten'?
Darunter verstehen wir zunächst die Sphäreneinteilung. Weiter die Realität der Besitzlosigkeit, das heißt, die Bedeutungslosigkeit jeglichen materiellen Besitzes. Dazu kommt die absolute Realität des unbedingten Erkannt-

seins. Es gibt kein Verstecken mehr. Fast jeder Mensch trägt auf Erden eine Maske. Aber diese Maske nimmt er nicht mit.

Dieses absolute Erkanntsein kann doch dazu führen, daß große Freundschaften zu Bruch gehen.
Ja, das stimmt, weil es sich dann um angenommene Freundschaften handelt. Aber ebenso können angenommene Feinde zu den besten Freunden werden. Im Geistigen Reich bildet die göttliche Hierarchie ein Abwehrfeld, das nur durchbrochen werden kann, wenn sie es will. Es ist ähnlich einem magnetischen Kraftfeld. So wird jeder gewaltlos in seinen Schranken gehalten. Trotzdem erkennt man, weil ja die Gedanken gelesen werden können, ob eine Seele zu Unrecht unter niederen Wesen verweilen muß. Man holt sie dann heraus. Andere wollen mitunter mit, aber weit kommen sie nicht.

Das alles ist weder der Kirche noch der Wissenschaft bekannt. Wird sich das einmal ändern?
Die Wissenschaft kann nicht leugnen, daß sie von Irrtümern zu Irrtümern schreitet, auch wenn manche Wahrheit erkannt wird. Auch wenn die Wissenschaftler einen Irrtum nach dem anderen wegräumen, so sind sie meistens selbst diejenigen, die dann neue Irrtümer in die Welt setzen, die später von anderen beseitigt werden müssen. Aber zwischendurch bleibt immer wieder etwas Vernünftiges stehen. Auch bei den Kirchen ist es nicht anders, aber sie sind noch eingegrenzter.

Es gibt auf Erden labile und faule Menschen. Nehmen diese Menschen ihre Eigenschaften mit?
Für uns gibt es einen Unterschied, nämlich zwischen faul und labil. Faul ist negativ, labil ist eine Charakterschwäche, die auch erblich sein kann. Diejenigen, welche faul sind, werden bei uns vor eine Aufgabe gestellt, daß sie beweisen müssen, daß die Faulheit einen Zaun bedeutet, der sie am Fortkommen hindert. Sie müssen das richtig erkennen. Doch Labilität ist mit der Seele verknüpft, das heißt, eine seelische Eigenschaft. Bei uns gibt es eine gerechte Beurteilung, auch ohne Psychologie.

Wenn ein Mensch ins Jenseits zurückkehrt, so muß sie doch im Glauben an Gott sehr gestärkt werden, da sie nun erkennen muß, daß sie weiterlebt?
Die wenigsten wissen, was mit ihnen passiert ist. Sie haben keinen Tod wahrgenommen. Da sie aber zu ihresgleichen hingezogen werden, so finden sie diese bei den noch Lebenden. Finden sie darunter ein Medium, so wollen sie glänzen und stiften auf Grund ihrer Willensfreiheit sehr viel Unheil. Ihr nennt diese Seelen dann Fopp- oder Quälgeister. Wenn sie aber zu den Intellektuellen gehören, daß sie zum Beispiel Priester oder Evangelisten waren, so verkünden sie den größten Unsinn in Gottes Namen, in der Meinung, daß es ihr gutes Recht sei. Diese Fanatiker sind sehr schwer zu heilen. Fanatismus ist ein Wahn.

Die Jenseitigen haben von einem Nebelland berichtet, durch das sie hindurch müssen, um ins positive Geistige

Reich zu kommen. Inzwischen ist das Nebelland in der Geisteswissenschaft bereits zu einem festen Begriff geworden. Was ist dieses Nebelland wirklich?
Ein wirklicher Nebel ist gar nicht vorhanden. Die Seelen glauben nur, es ist ein Nebel. Ein jeder sieht ihn anders. Es ist eine Zwangsvorstellung. Diese treibt die Seelen allerdings vorwärts, sie spornt an, aus dieser Situation herauszukommen. Es gibt Leute, die glauben zwar an die Existenz des Geistigen Reiches, aber sie haben dennoch Angst vor dem Prozeß des Sterbens. Die Angst davor ist unbegründet. Der Tod wird fast von allen Menschen in einem falschen Licht gesehen. Der Übergang in das andere Leben ist natürlich von der Geistigen Entwicklung abhängig. Doch auf alle Fälle erfolgt beim Hinübergehen ein Tiefschlaf, der unterschiedlich lang ist. Hierauf erfolgt ein ganz normales Erwachen, das nichts Abschreckendes an sich hat. Doch der Mensch muß wissen, welchen Weg er zu gehen hat. Darum ist es schon von großem Vorteil, wenn er den guten Weg schon im Erdenleben eingeschlagen hat, denn dann ist er meilenweit voraus. Ebenso ist es auch bei den Reinkarnationen. Auch dabei gibt es einen Tiefschlaf der Seele und ein ganz normales Erwachen in der Materie.

Wie fühlt sich eine Seele, die erst neu aus dem Erdendasein zu euch kommt?
Sie fühlt sich wie in einem Traumland. Doch diese Seelen sind zuerst mit dem bekleidet, was sie im letzten Augenblick ihres Erdendaseins anhatten. Doch nach Belieben kann die Seele ihr Kleid wechseln. Ein Engel

wird immer ein langes Gewand tragen. Die Farbe ist blau oder weiß. Das sind die reinen Farben. Aber ein Engel wird niemals ein buntes Gewand zeigen.

Ist es wahr, daß man sich ein Heim im Jenseits nur mit guten Taten auf dieser Erde verdienen kann?
Nach dem irdischen Tode erhält die Seele ihre geistige Schöpferkraft zurück. Mit dieser kann die Seele sich alles schaffen, was sie sich wünscht. Doch die positiv geschulte Seele wird maßhalten und ausschließlich Gutes und Schönes schaffen. Auf Erden schlecht geschulte Seelen, die rückständig und negativ waren, können nur Schlechtes und Böses schaffen. Das ist ein Gesetz. Also müssen sie sich erst ändern und ihre Schuld abtragen, bis sie soweit sind, daß sie mit ihrer Schöpferkraft auch Gutes schaffen können.

Mancher Mensch hat auf Erden seine Chance verpaßt. Ist es möglich, daß er im Geistigen Reich eine neue Chance erhält?
Selbstverständlich erhält er auch eine neue Chance, seine Persönlichkeit, die sich auf Erden nicht ausdrücken konnte, zum Ausdruck zu bringen. Er hat aber auch die große Chance, seinen dummen Stolz und seine närrische Einbildung zu korrigieren. Der Mensch muß hier auf Erden oder im Geistigen Reich zur Einsicht kommen, daß er der göttlichen Gerechtigkeit nicht entgehen kann. Er muß wissen, daß das Kausalgesetz von Ursache und Wirkung auch für ihn maßgebend ist. Wer Gutes will, muß Gutes tun!

Eine Ärztin aus unserem Bekanntenkreis wurde plötzlich aus dem Leben abberufen. Geht da nicht ein guter Mensch für die Erdenmenschheit verloren?
Glaubt mir, sie wird ihren Beruf auch nicht in unserem Reich an den Nagel hängen. Alle guten Forscher, Mediziner usw. arbeiten in unserem Reich weiter zum Wohle der Allgemeinheit, nicht nur der Erdenmenschheit, sondern für das ganze Universum. In unserem Reich wird jeder idealdenkende und aufrichtige Forscher, ganz gleich auf welchem Gebiet, voll eingesetzt. Sie arbeiten nach ihren Fähigkeiten und nach ihrem besten Können.

Was sind das für Missionen, die ein Verstorbener übernehmen kann?
Alle diese Aufgaben stehen im Dienst am Menschen. Es müssen Erdenmenschen inspiriert werden, sie müssen aber auch gewarnt und beschützt werden.

Gibt es auch Missionen, die sich nur im Jenseits abspielen?
Ja, das gibt es auch. Es müssen Geistwesen betreut werden, wenn sie nach dieser Hilfe verlangen. Sie müssen belehrt werden, damit sie den Weg erkennen, der sie rettet. Aber das ist nicht einfach, weil eine große Organisation diese Rettungs- und Erlösungsdienste verhindert, wo sie nur kann. Es ist ein geistiger Kampf um die Seele. Das ist keine Phantasie, sondern eine reale Wirklichkeit, die sich nur vor euren Augen verbirgt.

Bitte erzähle uns noch mehr über das, was uns Menschen nach unserem Tode erwarten kann.

Ihr möchtet gerne wissen, was die Atomwissenschaftler, die gottlosen Forscher und Politiker im Geistigen Reich erwartet. Nun, sie kommen alle in eine Sphäre für Seelen, welche eine Sphäre für menschliche Grausamkeit ist. Es ist sehr schwer, diese Sphäre zu beschreiben, weil einfach die passenden Worte fehlen. Wenn mancher eurer Wissenschaftler, Techniker oder Kriegsschürer eine Ahnung davon hätte, was ihn nach seinem irdischen Tod wirklich erwartet, so würde er keinen Finger mehr für solche Menschheitsvernichtungen und Menschheitsverführungen krumm machen. Was diese Seelen erwartet, ist noch viel schlimmer als ihr ahnt. Diese Menschen gehen in die Dunkelheit. Nun möchtet ihr gerne wissen, was diese Bezeichnung ‚Dunkelheit' in unserer Daseinsform bedeutet. Es gibt geistige Sphären, die stufenförmig aus den Lichtregionen in die Tiefe, in die Finsternis führen. So gibt es trübe und halbtrübe Sphären und solche, die absolut dunkel sind. Nehmen wir einmal an, daß ein schlechter Mensch stirbt, ein Mensch, der Freude an der seelischen Grausamkeit hatte oder jemand, der seine Eltern seelisch gequält oder ihre Liebe mißbraucht oder ausgenutzt hat, oder ein vorsätzlicher Mörder und ähnliche selbstsüchtige Menschen. Wenn ein solcher Mensch seinen irdischen Körper verläßt, so verfällt er zunächst in einen kurzen Schlaf, in dem er kein Bewußtsein hat. Doch plötzlich wacht er auf und erkennt, daß er noch am Leben und bei vollem Bewußtsein ist. Nun macht er sich Gedanken darüber und versucht mit seinem Körper aufzustehen. Er stellt jedoch fest, daß er keinen solchen Körper mehr hat und daß ihn eine tiefe, entsetzliche Dunkelheit umgibt. Mit einem Wort: Total blind! Zu dieser Blindheit kommt noch, daß er auch nichts mehr hören kann, außer seinen eigenen Gedanken. Nun tastet sich diese Seele vorwärts. Dabei hat sie keinen festen Boden unter den Füßen, auch die Hände greifen in leere Finsternis. Eine solche Seele hat das Gefühl, daß das ganze Universum für sie nur eine einzige Finsternis ist, in der sie völlig allein und von Gott verlassen ist. Doch die eigenen Gedanken werden immer lauter und lauter, sie schwingen sich in der Unendlichkeit auf, so daß sie zu einer unerträglichen Lautstärke anwachsen, und wenn diese Seele glaubt, daß diese eigenen Gedanken ihren Höhepunkt erreicht haben, so ist das noch lange nicht der Fall. Solche Gedanken dröhnen mit unvorstellbarer Gewalt im Universum und rufen der Seele ständig alle Missetaten zu, ohne daß ein Ende abzusehen ist. Ihr wißt sehr gut, daß der Mensch in der Dunkelheit seine Gedanken recht gut hört, aber diese Seele erlebt eine entsetzliche Angst, ein nicht zu beschreibendes Grauen vor diesem anhaltenden Zustand, der einfach ausweglos erscheint.

Über die Persönlichkeit

Die meisten Menschen können sich nicht vorstellen, wie der entkörperte Mensch im Jenseits gekleidet ist und lebt. Was sagst du dazu?
Zunächst haben die Abgeschiedenen das an, was sie beim Sterben trugen. Aber ihr Aussehen verändert sich schnell. Sie werden zusehends jünger, und die Kleider bekommen ein anderes Aussehen, wie sie es sich wünschen. Die Kleidung ist nach der Entkörperung ein Teil der Haut. Es ist wie Zauberei. Die Kleidung wird aus dem Astralleib gebildet. Aber sie wird, wie alles andere, aus den Gedanken erzeugt. Somit hat der Mensch eine Schöpferkraft.

Man wundert sich, daß es den Abgeschiedenen möglich ist, sich einzukleiden. Kannst du uns diesen Vorgang verständlich machen?
Die Gedankenkonzentration ist stärker als bei einem Erdenmenschen, weil er auf der geistigen Ebene lebt. Mit dieser Konzentration bildet er seine Kleidung. Doch den Stoff nimmt er dazu aus seinem eigenen Geistkörper, der sehr flexibel ist. Würde jemand einen Teil aus dieser Kleidung herausschneiden, so würde der Astralkörper einen empfindlichen Schaden erleiden, der nicht so schnell wieder gutzumachen ist.

Wenn eine Seele ins Jenseits eingeht, ist sie dann in irgendeiner Weise bckleidet?
Wenn die Seele den fleischlichen Körper verläßt, ist sie un-

bekleidet, wie ein Kind bei der Geburt. Die Seele ist jedoch bei vollstem Bewußtsein. Wenn dann das Gefühl des Nacktseins stärker wird, geschieht ein Wunder. Der Astralkörper bildet aus seiner Fluidmasse sofort ein bekanntes Kleidungsstück, das vom Unterbewußtsein gewünscht wird. Die beherrschende Idee ist unfaßbar schöpferisch. Man zieht die Kleider nicht an, man hat sie.

Behält der Mensch nach seinem Tode im Geistigen Reich auch noch seinen irdischen Taufnamen?
Nein, im Geistigen Reich bekommt jeder Mensch einen anderen Namen, einen geistigen Namen. Doch die irdischen Namen werden durch Inspirationen aus der Geistigen Welt gegeben.

Wenn der Erdenmensch das Geistige Reich betritt, ändert sich dann das Aussehen?
Das trifft hauptsächlich bei älteren Menschen zu. Das Aussehen wird auf etwa dreißig Jahre zurückversetzt. Es ist eine Verjüngung, mit der man erst nach und nach vertraut wird. Der Mensch in seinem Astral-Zustand verändert sich dann je nach seinem weiteren geistigen Auf- oder Abstieg. Er wird entweder schöner oder das Gegenteil. Es liegt am Astralmenschen selbst. Niedere Jenseitige sind häßlich!

Wir haben einmal von einem Jenseitigen erfahren, daß er im Laufe der Zeit immer jünger geworden ist. Ist dieser ‚Rücklauf' ein Gesetz und geht er bis zum Kleinkind oder Baby zurück?

Es stimmt, daß ein Abgeschiedener mit der Zeit immer jünger wird. Aber es gibt dann einen Stop, der etwa in der Mitte liegt. Dieser Stop würde bei euch einem Alter von 30 bis 40 Jahren entsprechen. Man kann also sagen, daß wir Jenseitigen im besten ‚Mannesalter' sind und noch lange so bleiben. Ein Greis bleibt bei uns kein Greis, er wird aber mit den Jahren kein Kleinkind.

Das Aussehen eines Abgeschiedenen soll sich unter Umständen schnell ändern. Wie soll es da einst ein freudiges Wiedersehen ohne Wiedererkennen geben?
Es stimmt, daß sich der Heimgegangene ändert. Er wird zunehmend jünger. Aber der Geist hat die Möglichkeit, seine Gestalt zu beherrschen, er kann sich willkürlich verändern. Wenn er also von einem Liebenden erkannt werden will, so nimmt er selbverständlich das Aussehen an, daß er erkannt wird. Liebende kommen aufgrund eines Naturgesetzes zusammen, es ist wie ein Magnet. Du veränderst deine Identität nicht, auch nicht deine Individualität, ebenso bleibt dein Bewußtsein dasselbe. Du wächst geistig, bleibst aber dasselbe Individuum, das du zuvor gewesen bist. Deine Erkenntnis wird größer und deine Gaben werden stärker. Du bleibst so erkennbar, wie du auf Erden warst, mit der Ausnahme, daß deine Fehler und Mängel verschwinden. Deine Form ändert sich nicht, denn das Spirituelle braucht noch immer eine Art der Manifestation, einen Körper, ein Gefäß, ein Instrument, durch das sich der Geist selbst kontrollieren kann. Dieser feinere, zartere Körper bestand schon, während du auf der Erde weiltest.

Die Frage der Wiedererkennung, soweit sie Erwachsene betrifft, ist nicht schwierig. Es entsteht aber ein Problem, wenn es sich um Kinder handelt, denn diese erlangen eine gewisse Reife, ehe die Wiedervereinigung stattfindet. Wenn die Wesen Liebe verbindet, ganz gleich wie ihr Verwandtschaftsgrad auf der Erde war, so bleibt diese Liebe bestehen, denn der Tod hat keine Macht, dieselbe zu berühren. Wo immer diese Liebe vorhanden ist, hat der, der den physikalischen Gesichtskreis verließ, kein Verlangen, sich von denen zu lösen, auf die sich seine Liebe konzentriert. Wo aber keine Liebe ist, werden Bindungen gelöst.

Über die Trauer

Die allgemeine Unwissenheit, die nicht von den Kirchen beseitigt werden kann, führt dazu, daß die Menschen in große Verzweiflung und Trauer verfallen, wenn sie einen lieben Verwandten durch den Tod verlieren.
Was sagst du dazu?
Laßt uns an alle erinnern, die unseren Dienst benötigen, an jene Unzählige, deren Herzen mit Kummer beladen sind und die so inständig um etwas Wahrheit in ihren trüben Stunden bitten. Laßt uns danach streben, allen denen, die in unseren Gesichtskreis treten, zu helfen, um ihnen ein Höchstmaß an Erleichterung zu bescheren, damit sich ihre Trauer in Hoffnung verwandelt. Wir wollen sie in ihrer Einsamkeit aufheitern und ihnen die Versicherung bringen, daß das Leben nicht durch den Tod beendet ist. Laßt uns Stärke aus der göttlichen Quelle schöpfen, die mit unendlicher Macht gefüllt ist. Laßt uns beweisen, daß wir lebende Instrumente der Macht sind, die uns geschaffen hat. Diese Macht, die uns nach ihrem göttlichen Ebenbild schuf und einen Teil ihrer Göttlichkeit über uns ausgoß. Laßt uns dessen immer bewußt sein, daß wir Werkzeuge sind und daß wir nichts zu befürchten haben, wenn wir unsere Arbeit mit Vertrauen und Treue fortführen. Wir wollen fortfahren mit der Überzeugung, daß unsere Schwierigkeiten wegschmelzen werden wie der Schnee vom Glanz der Sonne. Seid dessen ständig gewahr, daß der Mensch seines Platzes im Universum würdig sein muß. Sollte er jedoch glauben, daß er die Krone der Schöpfung ist, so muß er

durch sein Leben und durch seine Taten danach streben, diesen hohen Titel, den er sich angemaßt hat, zu verdienen! Die Wahrheiten, die wir aussprechen, sind nicht dazu bestimmt, jene zu trösten, die eines schmerzlichen Verlustes wegen trauern, sondern um die Größe des menschlichen Lebens zu enthüllen, den Reichtum des Lebens zu zeigen, an dem der Mensch sich erfreuen könnte und um allen denen Mut zu machen, die den Bedrückten und Notleidenden beistehen und welche von dem Wunsche beseelt sind, die Güter der Erde allen zugänglich zu machen.

Ist es richtig, wenn wir um einen Verstorbenen trauern?
Tod bedeutet den Abschied von der Materie, aber nicht von dem Geist. Wie schön ist es zu wissen, daß der Geist bleibt, wenn auch die Materie von uns geht. Es ist von uns aus gesehen eine Selbstverständlichkeit. Warum soll man über eine Selbstverständlichkeit trauern? Es treffen sich die Liebenden ja immer wieder. Leider haben die Zweifler keine Gelegenheit, sich von der Wahrheit zu überzeugen. Die Türen der Wahrheit sind nur für den Suchenden geöffnet.

Die Trauer der Zurückgebliebenen ist oft sehr groß. Sie glauben, daß ihre Verstorbenen für ewig von ihnen gegangen sind. Ist es so?
Ein ‚Toter‘ kann euch näher sein, als wenn jemand in ein fremdes Land gereist ist. Bedenkt, daß die Entfernung oft weniger als einen Zentimeter beträgt! Es ist noch sehr viel Aufklärung nötig.

Können die Hinterbliebenen durch ihr Verhalten eine Seele an einem Aufstieg in eine bessere Sphäre hindern?
Ja, das ist sehr oft der Fall, wenn durch Mitleid oder durch den Trennungsschmerz die Hinterbliebenen ihrer Trauer zuviel Raum geben. Aber die Liebe ist ja eine gute Eigenschaft, und daher kann man sicher sein, daß die jenseitige Seele nicht tiefer fällt.

Ich möchte gerne wissen, wie es einem gewissen Herrn geht, der verstorben ist, dessen Frau ihn aber immer beweint und mit sich selbst nicht fertig wird?
Diesem Mann geht es schlecht. Er leidet sehr, da er mit ansehen muß, daß seine Frau so um ihn weint. Er würde seine Ruhe finden und glücklich sein, wenn er sehen würde, daß sie aufhört, ihn zu beweinen. Wenn sie weiter um ihn trauert, schädigt sie sein geistiges Fortkommen.

Trifft das auch zu, wenn die Frau sehr gottgläubig ist?
Leider hat sie nicht die Erkenntnis, wie sie sein sollte. Der Schmerz ist verständlich und beweist die Liebe zu ihrem Mann, wie auch eine Portion Egoismus, so muß ich es leider nennen, sonst würde die Frau sich bei dem Wissen, das sie besitzt, ganz anders verhalten. Sie hat also kein Vertrauen auf ein Wiedersehen. Der Zweifel nagt an ihrem Herzen, auch wenn sie es nicht wahrhaben will. Es gibt viele solcher Fälle.

Ist dic Not auf Erden verbliebener Verwandten für eine ins Jenseits gegangene Seele sehr belastend?

Es gibt im Jenseits andere Perspektiven, die ihr nicht verstehen könnt. Wir urteilen objektiver, auch über die materielle Not. Doch das materielle Leben ist auch ein Geschenk Gottes und keine Strafe.

Hat die schwarze Farbe in der Trauer eine besondere Bedeutung? Wird sie von den Verstorbenen besser wahrgenommen?
Die Seelen im Jenseits können sehr gut sehen, mitunter besser als im Erdenleben. Sie können alle Farbunterschiede wahrnehmen, nur mit dem Unterschied, daß ihr Auge eine andere Funktion hat. Zum besseren Verständnis erwähne ich eure Technik. Ihr könnt zum Beispiel Töne auf Film oder Tonband aufnehmen, aber auch mechanisch auf Platten. Ihr könnt Radioempfang durch Röhren haben, aber auch durch einen Transistor. Die schwarze Farbe zur Trauer ist eigentlich nicht angebracht, denn das positive Geistige Reich ist ein Bereich des Lichtes, während die negative Seite im Dunkeln liegt und erst erhellt werden soll.

Wenn man über die Friedhöfe geht und die Inschriften auf den Grabsteinen liest, wird man wehmütig.
Kannst du uns etwas dazu sagen?
Hier offenbart sich die Unwissenheit, die traditionell erhalten wird. Eine Langeweile gibt es nur in den unteren Sphären. Gott kann jedenfalls keine Müßiggänger gebrauchen. Wer im Jenseits leben und fortkommen will, sich höher entwickeln möchte, der muß sich für eine sinnvolle Tätigkeit, für einen guten Dienst an der Menschheit ent-

scheiden. Dabei spielt der Stand oder der Beruf keine Rolle. Es kommt nur auf den guten Willen an. Akademische Auszeichnungen oder Grade spielen keine Rolle. Sie haben im Geistigen Reich keine Bedeutung. Ein Straßenarbeiter oder Müllbeseitiger kann eine hohe Mission übernehmen und Gott unbedingt nahe stehen, weil sein Wille vorbildlich positiv ist. Er steht dann hoch über einem Millionär oder Prominenten, dem die ganze Welt zu Füßen lag. Im Jenseits zählen andere Begriffe. Hierüber sollten sich die Menschen orientieren, dann bliebe ihnen manche Enttäuschung erspart. Die Toten schlafen nicht, weil es gar keine Toten gibt. Es gibt nur entseelte Körper, also tote Körper, aber diese sind ja nur der vergängliche Teil des Menschen, während das individuelle Ich mit dem Tod nichts zu tun hat. Das zu begreifen, fällt den Wissenschaftlern leider unglaublich schwer. Die Falschprogrammierung durch Universitäten zeigt ihre verhängnisvollen Folgen.

Birgt die Lehre von der Unsterblichkeit der Seele nicht eine gewisse Gefahr in sich, indem ein übrigbleibender Partner sich mit dem Toten noch so verbunden fühlt, daß das Gefühl einer Treulosigkeit auftreten könnte?
Nein, das Leben wird immer besser geführt werden, wenn die Wahrheit das Zepter führt. Die Unwissenheit ist nämlich derselbe Feind wie das Vorurteil oder der Aberglaube. Die Unwissenheit muß unbedingt beseitigt werden, denn sie entspringt der Dunkelheit. Eure Bestimmung aber ist, Kinder des Lichtes zu werden. Wenn ihr das Wissen

besitzt, könnt ihr euer Leben im Lichte des Wissens führen. Die Dunkelheit aber kann euch keinen Halt geben. Wissen und Vernunft wurde dazu ausersehen, euch zu führen und zu leiten. Wenn ihr das Wissen besitzt und eure Vernunft sprechen laßt, dann seid ihr imstande, euer Leben nach dem Höchsten auszurichten, das eure Pilgerschaft auf dieser Erde der Mühe wert macht. Aus diesem Grunde birgt die Lehre von der Unsterblichkeit überhaupt keine Gefahr in sich. Der göttlich entwickelte Mensch schenkt seine Liebe nicht einem einzigen Partner, sondern liebt die Menschheit als Ganzes, zu dem er unabänderlich gehört. Wer sich aus der Gemeinschaft isoliert, verliert auch den Anspruch auf das Erbe Gottes.

Können die Heimgegangenen unsere Gedanken und Gebete wahrnehmen und hilft ihnen die Macht der Liebe?
Selbstverständlich sind die Seelen im Geistigen Reich alle Meister der Telepathie. Sie können liebende Gedanken besonders gut empfangen. Aber es ist stets die Frage, ob sich die irdische Liebe nur als eine Zuneigung erweist, oder ob es sich um wirkliche selbstlose Liebe handelt. Ein Gebet bewirkt immer eine Hilfe, wenn das Gebet aus dem Herzen kommt.

Wie ist es möglich, daß gesendete Gedanken eine bestimmte Seele im Geistigen Reich erreichen?
Wenn diese Gedanken an eine bestimmte Seele gerichtet sind, so stellt sich der Sender diese Person vor, wie er sie kennt. Auf diese Weise bringt er seine Gedanken auf die

richtige Frequenz. Folglich erreichen die Gedanken dann auch ihr Ziel, denn sie sind auf dieses gerichtet. In schwierigen Fällen kann der persönliche Schutzpatron des Senders mithelfen.

Wenn wir über euch an einen Verstorbenen Grüße bestellen, so heißt es immer: ‚Deine Grüße sind schon angekommen'. Wie ist das möglich, daß solche Gedanken unter der großen Anzahl von Seelen und den oft großen Entfernungen den richtigen Empfänger erreichen?
Die Gedanken werden auf einer Frequenz gesendet, die sich dem Empfänger möglichst anpassen. Aber dann gibt es ja den Schutzpatron, der sich wie ein Verstärker einschaltet. Aber er ist auch zugleich der Vermittler. Wenn die Gedanken positiv sind, kommen sie auf diese Weise gut an. Wenn es jedoch negative Gedanken sind, so lehnt der Schutzpatron die Vermittlung ab. Viele Hinterbliebene machen den Fehler, daß sie zu lange trauern. Damit beunruhigen sie den Heimgegangenen und hindern ihn an seinen Aufgaben.
Auf diese Weise wird der Seele nicht geholfen!

Soll man für die Abgeschiedenen beten?
Kurz nach dem Ableben unbedingt. Doch für egoistische Abgeschiedene zu beten ist unter Umständen eine gefährliche Sache, denn es kann passieren, daß man Besessenheitsgeister anzieht, die man dann nicht los wird!

Ist es gut, wenn wir uns auf die Verstorbenen konzentrie-

ren, so wie das zum Beispiel an gewissen Feiertagen der Fall ist?
Das solltet ihr nicht tun. Aber wenn ihr euch die Fotos ansehnt, mit dem Wissen, daß Gott ihnen helfen möge, um eine höhere Sphäre zu erreichen, dann helft ihr der jenseitigen Seele sehr, aber auch eurer eigenen. Jedoch ist es keinesfalls gut, wenn ihr wehleidig an die Verstorbenen denkt.

Wie soll man für einen Verstorbenen am besten beten?
Indem man seine aufrichtige Zuneigung ausdrückt. Man soll ihm ein gutes Fortkommen wünschen und ihm alles verzeihen. Das genügt.

Was haltet ihr davon, wenn viele Fotografien von verstorbenen Verwandten an den Wänden hängen oder sichtbar aufgestellt werden?
Wir haben nichts dagegen einzuwenden, wenn das Bild eines nahen Verwandten eine Zeitlang nach dem Tode aufgestellt wird. Aber wir warnen euch vor diesem Kult. Diese Fotos ziehen Seelen an. In vielen Fällen sind es jedoch keine guten Seelen. Der Einfluß dieser Jenseitigen ist nicht zu unterschätzen. Das kann üble Folgen haben. Laßt diese Andenken lieber in einem Album oder in der Schublade. Sichtbare Aufstellung ist möglichst zu vermeiden. Das trifft auch für liebe Verwandte zu. Das Bild, das man im Herzen trägt, ist allein ausschlaggebend.

Wie ist es jedoch mit Heiligenbildern?
Diese Bilder gehören in einen Andachts-Raum. Doch in

eurer Wohnung könnt ihr ruhig ein Christusbild sichtbar haben. Das genügt. Zu viele Köpfe im Zimmer hängen zu haben, stört. Es kann zu Disharmonien kommen. Heiligenbilder ziehen nicht nur gute Seelen an, sondern auch besonders gerne solche, die anderer Meinung sind und gerne angreifen!

Besteht nicht die Möglichkeit, bei einer zu starken und dauernden Betrachtung, das heißt Konzentration auf die Verstorbenen, diese in ihrem Aufstieg zu hindern?
Das solltet ihr nicht tun. Aber wenn ihr euch die Fotos ansieht mit dem glücklichen Gefühl: Gott möge ihnen helfen zu steigen in eine höhere Sphäre und ihr nicht wehleidig an sie denkt, dann helft ihr der Seele und eurer eigenen sehr. Dann seid ihr eine große Stufe der geistigen Entwicklung entgegengestiegen.

Ist es richtig, wenn man über die Toten spricht, indem man ihre Fehler aufzeigt?
Es ist richtig, wenn es ohne Haß geschieht. Die ‚Toten' wissen sowieso, wie man über sie denkt. Aber wenn man ihre Fehler erläutert, so können sie manchmal davon lernen, denn die Selbsterkenntnis ist ein Fortschritt zur Läuterung.

Wie gedenken wir am besten unserer heimgegangenen Freunde und Verwandten?
Indem ihr schöne und gutriechende Blumen aufstellt oder ein Licht für sie entzündet. Es ist nicht notwendig den

Friedhof mit Blumen zu schmücken. Auch im eigenen Heim kann man den Jenseitigen viel Freude machen. Wem diese Blumen gewidmet sind, den ziehen sie auch an. Es gibt aber auch Blumen und Pflanzen mit negativem Einfluß. Fleischfressende Pflanzen stoßen uns ab. Ebenso auch alle klebrigen Pflanzen, sogenannte Insektenfresser. Ihr werdet es kaum glauben, aber die schöne Seerose und die Lotosblume gehören zu den negativen Pflanzen, denn sie sind Lockblumen, Lockblüten des Todes und haben schon so manchen Menschen das Leben gekostet. So manches blühende Leben wurde herabgerissen.

Ist es richtig, wenn man die Gräber mit Blumen schmückt? Wird dieser Blumengruß von den Verstorbenen wahrgenommen?

Ja, aber nicht immer. Blumen und ein Licht neben dem Foto des Verstorbenen bedeuten mehr als Kränze auf dem Friedhof. Für den Menschen gibt es eine gewisse Grenze, nämlich den Tod. Und weiter wagt er sich nicht zu denken. Diesen Irrtum zu beseitigen ist nicht schwer, doch wird dieses von einer Gruppe gewissenloser, verantwortungsloser Menschen nicht zugelassen.

Die Verstorbenen wollen im allgemeinen nicht an ihr Grab erinnert werden. Der einstige Körper ist ihnen nicht mehr wert, als die Haare, die man beim Friseur läßt. Doch die Gedanken der Hinterbliebenen sind ihnen nicht gleichgültig. Sie können diese Gedanken telepathisch erfassen, und wenn diese Gedanken voller Liebe sind, dann tut ihnen das sehr gut. Aber es gibt auch Heuchler, die auf die Gräber

Blumen streuen und doch dabei schlechte Gedanken haben. Am besten ist es, wenn der Leichnam verbrannt wird. Die Asche wird vom Jenseitigen doch angenehmer empfunden.

Am Bußtag und am Totensonntag besuchen viele Menschen die Gräber ihrer Angehörigen. Trifft es zu, daß viele dieser Toten schon in einem neuen Erdenleben wandeln?
Das stimmt. Das Besuchen der Gräber ist in unseren Augen nicht so wichtig wie die Bande der Liebe, die uns miteinander verbinden. Dazu bedarf es keines Friedhofbesuches. Der Totenkult wird in falscher Erkenntnis dem in Auflösung befindlichen Körper zuteil. Die Seele des Heimgegangenen spielt im Andenken der Hinterbliebenen selten eine Rolle. Doch diese Menschen, die auf Erden in wirklicher Liebe verbunden waren, finden sich im Jenseits bestimmt wieder, selbst wenn es mehrere Reinkarnationen dazwischen geben sollte.

Es gibt Sitten, die Toten zu verehren, indem man ihnen Speisen vorsetzt oder in die Gräber mitgibt. Hat das irgendeine Bedeutung?
Das sind materielle Dinge, die für einen Geist überhaupt keine Rolle spielen. Derartiges ist selbst symbolisch völlig überflüssig.

Wissen die Seelen, die in die Geistige Welt eingegangen sind, immer, was die Hinterbliebenen auf der Erde denken?
Meiner Antwort möchte ich vorausschicken: Wenn sie tat-

sächlich geliebt werden, das heißt wenn aufrichtige Liebe zwischen beiden besteht, ja. Ich glaube aber, ich muß deutlicher werden. Die Wesen, die in meiner Welt wohnen, sind nicht immer Lauscher, aber diejenigen, die durch das Band der Liebe verbunden sind, sind trotz des Dazwischentretens des Todes immer beisammen. Eure Welt kann nicht verstehen, daß die ‚Toten' immer noch dort sind. Sie sind in keinem anderen Universum, denn alles ist ein Teil desselben Universums. Das ganze Leben ist ein Leben, aber mit Millionen von Abstufungen. Unglücklicherweise wird von den Menschen auf der Erde nicht erkannt, daß die Abgeschiedenen gegenwärtig sind. Sie sind euch nahe, manchmal näher als je zuvor. Nachdem die Ausdrucksweise eines Lebens von einer stofflichen Phase in eine geistige übertragen wurde, werden die Fähigkeiten des Geistes Wirklichkeit, während die körperlichen dahinschwinden. Das hat zur Folge, daß deine Gedanken, die du denen schickst, die du liebst, wirklicher sind als deine Worte. Wo aber keine Liebe ist, besteht keine Bindung und auch keine Vereinigung, denn im spirituellen Plan ist die Liebe das einzig dominierende Prinzip.

In welcher Weise kann man einem Hingeschiedenen am besten helfen?
Indem man ihm alles verzeiht!

Über den Kontakt mit Verstorbenen

Wie ist die Verständigung mit Abgeschiedenen? Kann jemand, der erst kürzlich verstarb, mit jemandem von den Hinterbliebenen einen Verständigungskontakt aufnehmen?
Das hängt von verschiedenen Voraussetzungen ab. Du mußt sie nicht als Körper mit einem Geist, sondern als Geist mit einem irdischen Körper betrachten. Du lebst in einer materiellen Welt und denkst natürlich auch materiell. Im Wesen ist das Leben nicht materiell, denn die Grundmauer, die Lebensbasis ist unkörperlich. Der Ursprung liegt nicht in den Besitz- oder Vermögensverhältnissen. Du selbst bist ja nicht Stoff, nur dein Körper. Dein wirkliches Ich ist unfühlbar, unfaßbar, es ist nicht zu sehen, nicht zu hören. Du bist Geist! Die Qualität deines Geistes hängt zu jeder Zeit mit deinem Lebenswandel zusammen, sie hängt davon ab! Das Gesetz findet auf alles und auf jeden Anwendung und nichts kann ihm entgegenarbeiten. Wenn ich sage das Gesetz, so meine ich das natürliche, das göttliche Gesetz, denn es ist einfach in der Ursache und in der Wirkung, wenn du ein vollkommen selbstloses Leben lebst, so hast du allein den Nutzen davon, denn ein freundliches, tolerantes, uneigennütziges Wesen läßt den Geist wachsen. Dieses Gesetz gilt für alle! Du bist, was du selbst durch deine Gedanken und durch dein Benehmen aus dir machst. Wenn auch diese Tatsachen in deiner Welt nicht immer erkannt werden. Aber in dem Augenblick, wo du die Schwelle des Todes überschreitest, so tritt es klar zu Tage. Du manifestierst dich als höherer oder niederer

Geist. Du bringst den Geist mit, den du zu Lebzeiten auf der Erde geformt hast. Deine ewigen Besitztümer bestehen nur aus geistigen Qualitäten, die du dir durch dein tägliches Leben erworben hast. Diese Tatsachen machen das Gesetz so fair und gerecht. Es besitzt ein Höchstmaß von Gerechtigkeit, die kein vernünftiger Mensch anzuzweifeln imstande ist. Wenn aber zwei Menschen diesbezüglich ähnlich sind, so können sie einen Kontakt aufnehmen. Doch wenn sie sehr unterschiedlich sind, so ist es kaum möglich, denn der jenseitige Geist ist nicht allein, er wird umgeben und bewacht. Ebenso ist auch ein irdischer Mensch niemals allein, auch er hat eine Gruppe von Geistwesen um sich. Also kann ein negativ eingestellter Mensch nicht immer das tun, was er gerne möchte. Hinzu kommt aber, daß jenseitige Intelligenzen gewisse Aufgaben bekommen, zum Beispiel Missionen, die nicht immer leicht sind. Es kann sein, daß eine solche Mission einen Kontakt verhindert, weil der Geist unabkömmlich ist.

Haben die ‚Toten' noch Beziehung zur Erde und ihren menschlichen Problemen?
Ja, unbedingt. Im Jenseits sind sie genauso, wie sie auf Erden waren. Nichts hat sich an ihren Interessen geändert. Sie können vollen Gebrauch von ihren Sinnen machen, nur daß ihr sie nicht sehen könnt. Doch oft könnt ihr sie geistig wahrnehmen.

Können sich in wahrhaft spirituellen Zirkeln verstorbene Freunde und Bekannte melden?

Es gibt unendlich viele Seelen, die bittere Tränen weinen, weil sie sich nicht melden können. Die Schuld daran liegt bei ihnen. Wenn sich die Seelen mitteilen könnten, würden sie sich nur beklagen oder Dinge besprechen, die nicht in dieses Gebiet hineingehören. Folglich wird darüber gewacht, daß solche Kontakte möglichst unterbleiben. Meistens wollen sie über Erbschaften sprechen, oder es handelt sich um Anschuldigungen lebender Menschen. Viele fühlen sich hintergangen und wollen ihrem Ärger Luft machen.

Ich bin der Meinung, daß viele Menschen durch die Verbindung mit einem Verstorbenen zu einem gültigen Beweis kämen, daß es ein Leben nach dem Tod gibt. Ist das so?
Das gebe ich zu. Aber es gibt Fälle, wo die Toten durch gewisse Themen, die angeschnitten werden, die sich auf frühere Leben bezogen, arg belastet werden, die mitunter ihre Entwicklung bedeutend erschweren. Hierfür muß man also eine gute Übung und ein gutes Fingerspitzengefühl haben. Meistens dreht sich alles um die irdischen Güter. Die Erkenntnisfragen spielen dann nur eine untergeordnete Rolle. Menschen, die auf Erden bereits ausgenutzt worden sind, sollen dann im Jenseits, wenn es möglich ist, auch noch ausgenutzt werden. Testamente spielen oft eine große Rolle. Das ist nicht der Sinn des Spiritualismus. Das alles stört die erforderlichen Schwingungen.

Ich möchte gerne eine Nachricht von einem Verwandten erhalten. Ist das möglich?

Eine solche Verbindung wird nur durch unsere Vermittlung möglich sein. Sie kann nur hier im Zirkel erfolgen. Einen Direktkontakt mit einem verstorbenen Angehörigen wirst du kaum bekommen. Dafür gibt es drei verschiedene Gründe. Unlängst Verstorbene sollen sich zunächst einmal zurechtfinden. Sie sollen möglichst schnell begreifen, daß sie nicht mehr auf der Erde leben, also sich nicht mehr in Fleisch und Blut befinden, sondern im Geistigen Reich leben. Sie sollen begreifen, daß auch hier viele Aufgaben auf sie warten. Also ist hier kaum mit einem Kontakt zu rechnen. Zweitens: Haben sie erst einmal eine höhere Sphäre erreicht, besteht für sie die Gefahr, daß sie ihre Objektivität einbüßen, sobald sie zu den Erdenmenschen hinabsteigen und somit ihre Erkenntnisse einbüßen. Wer aus den höheren Sphären zu den Erdenmenschen gehen will, der muß niedere Sphären passieren, was nicht gerade angenehm ist. Aus diesem Grunde werden die meisten Verstorbenen auf einen irdischen Kontakt verzichten. Drittens: Es kann kein Kontakt zustande kommen, wenn die betreffende Seele bereits wieder inkarniert ist. Aber es kann dennoch ein Kontakt zustande kommen, wenn es sich um eine Auszeichnung handelt. In solchen Fällen wird die Seele durch Engel eskortiert, die einen Schutz bieten. Jeder andere Versuch ist ein Risiko. Auch wir Lehrer würden große Gefahr laufen, wenn wir nicht auf Grund unserer Zugehörigkeit zu den höheren Sphären einen großen Schutz genießen würden. Wir sind durch unsere Lehrtätigkeit und durch unser Gelübde zur Wahrheit ausgezeichnete Mittler zwischen zwei Daseinsebenen.

Ist es jedem Verstorbenen möglich, sich auf Erden bemerkbar zu machen oder sich über ein Medium mit uns in Verbindung zu setzen ?

Es gibt viele Seelen, die nicht begreifen, daß sie bereits entkörpert sind. Sie leben infolge ihrer geistigen Rückständigkeit in einer Verwirrung. Es gibt aber auch solche, die mit einem Wissen zu uns kommen, die Zusammenhänge kennen. Diese Wesen können sich, wenn sie ein gutes Medium finden, innerhalb weniger Augenblicke nach ihrem Ableben offenbaren. Das ist eine einfache Antwort. Es hängt also ganz vom Zustand der Person ab, nämlich, ob sie in spiritueller Hinsicht wissend oder unwissend ist. Eine unserer größten Schwierigkeiten besteht darin, daß viele zu uns kommen, die eine vorgefaßte Meinung darüber mitbringen, wie unsere Welt aussieht. Sie weigern sich, zu glauben, daß es irgendwie anders sein könnte als in der Welt, die sie sich in ihrer suggestiven Einbildung selbst geschaffen haben. Weil sie das ganz fest glauben, ist es selbstverständlich auch ihre Welt. Ihr müßt euch vor Augen halten, daß unsere Welt die Welt der Seele und des Geistes ist. Was ihr hier denkt, wird Wirklichkeit für euch.

Sind alle Menschen medial veranlagt?

Jeder Mensch ist medial! Eine mediale Verständigung ist die Ursprache des universellen Lebens. Jeder Mensch wird täglich, ja fast jeden Augenblick durch Geistwesen, die im Jenseits leben, inspiriert. Jeder Mensch ist telepathisch mit dem Geistigen Reich verbunden, und es entsteht eine geistige Brücke.

Es existieren Tausende von Zirkeln, meistens spiritistischer Prägung. Wie beurteilt ihr die sogenannte Totenbefragung, die fast überall üblich ist?
Es ist so, daß die Toten, die ja eigentlich nicht tot sind, nicht gerne mit dem alten, irdischen Karma belastet werden möchten. Zu einer Verständigung gehört auch eine geistige Reife, die meistens nicht vorhanden ist. Eine Totenbefragung sollte es daher nur auf einer höheren Ebene geben.

Haben die ‚Toten', die von uns gegangen sind, noch einen Einfluß auf das Geschehen dieser Erde?
Glaubt ihr, daß der Einfluß jener Menschen nicht mehr besteht, wenn sie ihre Körper verlassen haben? Euer Leben existiert nicht nur auf eurer Welt, die Geistige Welt gehört eng dazu! Telepathisch ist der Einfluß jener ‚Toten' viel größer, als ihr es euch vorstellen könnt. Die mit Haß erfüllten Seelen sind für euch sehr gefährlich. Sie sind bereit, sich für den Widersacher zu opfern, weil sie von ihrer Verachtung und von ihrem Haß nicht loskommen. Es gibt ganze Gruppen, die schon auf Erden Böses getan haben, und vom Jenseits aus tun sie es erst recht. Ihr glaubt oft an ein irdisches Genie oder an die Kunst eines großen Politikers. Aber in Wirklichkeit handelt es sich um Instrumente, die benutzt werden, das Böse in der Welt zu fördern.

Steht immer das Böse im Vordergrund, oder gibt es auch gute Organisationen im Jenseits, die telepathisch ihren Einfluß ausüben?

Ja, es gibt auch das Gute. Aber die Mittel sind sehr unterschiedlich. Ein guter Geist kann sich nicht so durchsetzen, wie es ein böser Geist kann, der keine Skrupel kennt. Ganz gefährlich sind jedoch die dummen Geistwesen, die sich eigensinnig gegen jede Belehrung sträuben. Sie erkennen nicht, wie sie ständig fallen, bis sie tatsächlich in den Slums des Jenseits landen.

Können sich Jenseitige an einem auf Erden zurückgelassenen Verwandten rächen?
Wie ihr wißt, gibt es große Feindschaften. Diese Feindschaften hören nicht gleich auf, wenn jemand ins Geistige Reich kommt. Im Gegenteil, sie können sich noch verstärken, weil der Verstorbene merkt, wie er von seinen Verwandten hintergangen worden ist oder was sich nach seinem Hinscheiden noch alles abspielt. Dann sinnt der unentwickelte Geist auf Rache. Er sucht dann meist Kumpane, die genauso sind wie er. Das alles aufzuzählen würde dicke Bände füllen. Fest steht jedenfalls, daß ein Verstorbener Möglichkeiten hat, sich zu rächen. Darum vermeidet jede Feindschaft. Sie hört mit dem Tode nicht auf, und sie darf nicht unterschätzt werden.

Was kann man in solchen Feindschaftsfällen tun?
Jede Feindseligkeit aufgeben und für den Verstorbenen ein positives Gebet sprechen. Wenn ihr jedoch für einen solchen verstorbenen Feind eine Kerze anzündet und ein paar Blumen aufstellt, so hat das eine große Wirkung.

Können Jenseitige Krankheiten übertragen?
Sie können das Nervensystem angreifen und Depressionen auslösen.

Es gibt ungewöhnlich viele Fälle, wo sich Verstorbene bei ihrem Ableben von ihren Verwandten sichtbar abmelden. Sie erscheinen dann in bekannten Kleidern. Aus diesem Grunde vermuten die Psychologen, daß es sich um eine Halluzination der Verwandten handele. Kannst du uns das näher erklären?
Es handelt sich hauptsächlich um spontane Materialisationen. Eine Halluzination kommt nicht in Frage. Diese Materialisationen sind leichter möglich, weil der Abgeschiedene noch nicht lange im geistigen Zustand weilt. Er besitzt noch sehr viele materielle Kräfte, die er ausnutzt.

Sollte man auf eine Verständigung mit Abgeschiedenen bestehen oder ist es besser, über ein Medium Botschaften an die Personen zu senden?
Ich sehe Herzen und Seelen und blicke nicht auf Äußerlichkeiten, daher weiß ich, daß eure betrübten Herzen bis in den letzten Winkel getroffen sind. Seid versichert, daß ich nicht unberührt von dem bin, was in euren Seelen vor sich geht, denn ihr habt die größten Tiefen des Schmerzes erreicht und ihr versucht nun, eine heilende Hand zu finden, die euch Linderung bringt. Denkt nun aber nicht, daß ich unfreundlich bin, wenn ich euch erkläre, daß ihr - wenn auch unwissend - eines der Hindernisse zur Erreichung des gewünschten Zieles seid. Wo Liebe besteht, werden die

Liebenden früher oder später wieder zusammengeführt, trotz aller Beeinträchtigungen, Hindernisse oder Hemmungen, die im Wege stehen mögen. Ich kenne euren Wunsch, und ich weiß auch, daß eure Herzen in Trauer bluten. Aber ihr wißt, daß es keinen ‚Tod' gibt. Die jenseitige Seele wird sich euch mitteilen und somit eure Wunden heilen. Seid versichert, daß es im Jenseits keine unheilbaren Verletzungen oder Krankheiten gibt und daß man hier im Jenseits im Vollbesitz aller geistigen und seelischen Kräfte ist. Ich habe mehr als zwanzig Jahre lang Erfahrung sammeln müssen, um die Möglichkeit zu ergründen, die eine Verbindung mit eurer Welt ermöglichen. Die Zustände, die in eurer Welt herrschen, sind so chaotisch, so verwirrt, verwickelt und qualvoll, daß auch mir nur ein bis zwei ganz dünne Fäden zur Verfügung stehen, die mir eine Zusammenarbeit mit einem Medium gestatten. Wenn echte Verbindungen nicht zustande kommen, so liegt das auch an dem Chaos in der astralen Welt und auch teilweise im kalten, zersetzenden Atem, den eure Welt ausströmt. Es hat eine große Wende zum Guten einzutreten, bis es dazu kommt, daß günstigere Umstände herrschen.

Über das Wiedersehen mit Verstorbenen

Wir wissen, daß wir, wenn wir einmal sterben, von euch oder von gewissen Freunden abgeholt werden. Wenn es jedoch eine Reinkarnation gibt, so ist es doch sehr ungewiß, ob wir unsere Freunde und Verwandten wiedersehen.
Sie könnten wieder inarniert sein.
Wo die Liebe regiert, da geht auch der Kontakt nicht verloren. Es ist aber alles eine Zeitfrage. Es bleibt alles aufgehoben. Natürlich ist es möglich, daß inzwischen ein vorangegangener Freund wieder inkarniert ist und bereits auf Erden lebt. Aber zu einem gewissen Zeitpunkt treffen alle Liebenden wieder zusammen. Außerdem begegnen sich diese Seelen oft genug im Tiefschlaf. Doch nehmen nur wenige diese Erinnerung ins Wachbewußtsein mit. Im Jenseits gibt es keine Zeit, sie ist für eure Begriffe endlos. Wir alle haben warten gelernt, bis wir dran sind. Übrigens entsteht durch derartige Freundschaften eine Sphäre. Eine alte und eine neue Freundschaft ziehen immer neue Kreise, so daß sich die Sphäre der Gleichgesinnten ständig ausdehnt. Charakter, Dienstbereitschaft und Liebe stufen die Seelen ein. Ehepartner der Liebe werden stets berücksichtigt. In solchen Fällen erfolgt eine Reinkarnation nicht einzeln, sondern als Zwillinge. Das Geschlecht spielt dabei keine besondere Rolle.

Wie ist es aber, wenn ein Ehepartner, der noch auf der Erde zurückbleiben mußte, sich wieder verheiratet?
Im Jenseits ist alles eine große Familie. Hier wird jedem

erst klar, daß es weder Rassenunterschiede noch andere Trennungen voneinander gibt. Die Einzelliebe ist völlig aufgehoben, und jeder ist sich stolz bewußt, daß alle Menschen von Gott und daher Brüder und Schwestern sind. Die einzig mögliche Trennung geschieht durch Sphären, welche Stufen der geistigen Entwicklung sind.

Wenn in einer Ehe der eine Ehepartner stirbt, ist es dann richtig, wenn der übriggebliebene Ehepartner noch einmal heiratet?
Dagegen hat das Geistige Reich nichts einzuwenden, höchstens das Kirchendogma. Im Reiche Gottes herrschen die geistigen Gesetze der Liebe. Selbst wenn ein zurückgebliebener Ehepartner wieder heiratet, können die geistigen Bande der Liebe weiterbestehen, wenn sie wirklich vorhanden waren.

Könnte es nicht möglich sein, daß in einem solchen Falle der ins Geistige Reich gegangene Ehepartner eine Eifersucht verspüren könnte, die ihn erdgebunden hält?
Im positiven Reich Gottes gibt es keine Eifersucht. Wenn eine Seele Eifersucht zeigen und empfinden sollte, so fällt sie selbstverständlich und wird von dem Grund der Eifersucht getrennt. Wenn aber die geistige Verbundenheit positiv ist, so bleibt immer bestehen.

Besteht die Ehe im Jenseits weiter?
Gibt es einen Unterschied zwischen standesamtlichen und kirchlichen Eheschließungen?

Auf Erden geschlossene Ehen haben im Jenseits nur Gültigkeit, wenn sie auf Erden wirkliche Ehen waren, das heißt, daß sich die Eheleute wirklich im geistigen Sinne liebten und sich einander Stütze waren. Die kirchlichen Ehen haben nur die Bedeutung, daß sie bei der Eheschließung Gottes Segen erbitten, doch wenn sie sich nicht nach den Gesetzen Gottes beziehungsweise der Liebe richten, bleibt der Segen aus!

Wie beurteilt ihr die sogenannten ‚wilden Ehen'?
Diese Seelen leben in ehelicher Gemeinschaft auch im Jenseits weiter, denn hier gilt nur die platonische Liebe. Eine gesetzliche Form hat die Ehe nur auf Erden. Im Jenseits gilt nur die Liebe, die sich gegenseitig ergänzt.

Wenn eine wirklich glückliche Ehe durch den Tod getrennt wird, kommen dann die Partner wieder zusammen?
Wenn es eine wirkliche Ehe in Liebe war, die getrennt wurde, dann kommen diese Seelen bestimmt wieder zusammen. Gott hat deshalb Gesetze bestimmt, die sie zusammenführen, bis einer von ihnen geistig fällt. Es bleibt jeder Seele selbst überlassen, ob sie zufrieden, glücklich oder unglücklich sein will. Strebt eine Seele nach oben, wird sie froh sein für alle Zeiten.

Ist es vom Jenseits her möglich, Kunde zu geben, wenn sich Freunde, die sich sehr gut verstehen, im Leben verabreden, daß derjenige, der zuerst ins Geistige Reich geht, dem Erdenmenschen ein deutliches Zeichen gibt?

Ja, wenn beide Menschen im Leben eine positive Einstellung zum Übersinnlichen gehabt haben. Wenn es sich aber um einen Atheisten oder sonstigen Ungläubigen oder Zweifler handelt, so ist das nicht möglich. Auch Christus hat diese Frage in einem Gleichnis behandelt. Wenn ein Grund für eine solche Verständigung vorliegt, das heißt ein durchaus positiver Grund, dann ist auch das möglich.

Kann dieser Grund auch sein, daß der Freund seinem Freund, der noch zweifelt, einen Beweis geben möchte?
Nein, das wäre kein positiver Grund. Aber eine große Freundschaft könnte ein Grund sein. Doch wie soll eine solche Freundschaft zustande kommen, wenn ein Zweifler dabei ist? Sich sehr liebende Paare haben oft solche Verbindungen. Sie treffen auch später wieder zusammen, weil sie sich gegenseitig fördern und leiten, ja, weil sie sich in jeder Beziehung ergänzen. Ihre positiven Gedanken können durch den Tod nicht getrennt werden. Diese Gedanken führen diese Liebenden immer wieder zusammen.

Wie ist es einer Seele im Jenseits möglich, ihre Verwandten und Bekannte zu finden?
Das im Jenseits gültige Gesetz, das die Sphären regelt, sieht vor, daß keine Seele in höhere Sphären kann, in die sie nicht auf Grund ihrer Entwicklung hineingehört. Aber jede Seele kann in eine niedere Sphäre hinabsteigen und auch wieder aus ihr heraus. Befindet sich ein Verwandter in einer niederen Sphäre, so kann die Seele, die sich auf einer höheren Sphäre befindet, diese Seele besuchen, aber

nicht umgekehrt. Doch wenn eine Seele aus Liebe betet, daß sie besucht werden möchte, so wird dieser Wunsch von der verwandten Seele oder von Freunden auch in anderen Sphären vernommen werden. Es liegt dann an ihnen, ob sie diesen Wunsch erfüllen, der von ihnen ein Opfer verlangt, da der Aufenthalt in den niederen Sphären nicht gerade angenehm, ja mitunter unerträglich ist.

Es gibt Menschen, die ein gefestigtes Wissen über das Weiterleben nach dem Tode haben. Trotzdem sind sie in Sorge, ob sie jemals nach ihrem Ableben ihre Lieben im Jenseits einmal wiedersehen werden. Wie ist das wirklich?
Das Jenseits ist in Stufen, das heißt in Sphären eingeteilt. Jeder Mensch kommt in seine Stufe, die er nicht verlassen kann, es sei denn, daß er sich geistig verändert und für eine andere Stufe reif wird. Ein höher entwickelter Mensch kann jedoch von seiner Sphäre aus in eine tiefere hinabsteigen, aber er kann nicht in eine höhere Stufe eindringen. Folglich kann ein Jenseitiger tiefere Sphären aufsuchen, um dort als Gast zu verweilen. Es kann zum Beispiel sein, daß ein Verwandter in einer tieferen Sphäre ist. Dann kann er Besuch von einem höher entwickelten Geist bekommen. Aber das ist auch von der Größe der Liebe abhängig. Liebende treffen sich fast immer wieder.

Kann ein Liebender in einer tieferen Sphäre verbleiben, wenn er bei seinem Freund oder Freundin bleiben will?
Wenn ein höherer Geist in eine tiefere Sphäre geht, wird er meistens als ein Feind angesehen. Diese neidischen An-

feindungen sind der Grund, warum er die niederen Sphären lieber wieder verläßt. Wenn du einen lieben Freund hast, der dir in der Materie alles bedeutete, und er geht in das Reich Gottes mit der Vorbereitung und Bereitwilligkeit, und du selbst hast den Wunsch, wieder mit ihm zusammen zu sein, so wirst du ihn auch finden und mit ihm zusammensein können. Die Hauptsache ist, daß dein Herz den Willen dazu hat. Wie ihr es hier gelernt habt und wie es euer Wille ist und eure Liebe alles überdauert, so ist die Voraussetzung voll erfüllt.

Wenn jemand stirbt und in die Sphären des Geistigen Reiches kommt, kommt er dann nicht nur mit seinen Freunden und Lieben, sondern auch mit seinen Gegnern und Feinden zusammen?
Es kommt ganz darauf an, ob sie auf gleicher, geistiger Stufe stehen. Aber meistens legt sich die Feindschaft bald und sie werden zu Bundesgenossen. Selten werden Anstrengungen gemacht, aus der Sphäre wieder herauszukommen.

Wenn es bei Gegnern so ist, müssen Liebende auch eine Sphärengleichheit haben?
Was für das eine gilt, gilt auch für das andere. Hier liegen Gesetzmäßigkeiten vor.

Stimmt es, daß sich Feinde in der astralen Welt weiter bekämpfen?
Das hängt ganz von den Seelen ab. Alles hängt vom Stande

des Fortschritts des Einzelnen ab. Es gibt Fälle, wo sie lange Zeit miteinander kämpfen. Doch schließlich kommt einmal die Einsicht, daß durch den Tod ihrer Körper die Feindschaft, die auf Erden bestand, nicht länger vorhanden ist. In den niederen Sphären der Geistigen Welt gibt es eine Nachbildung all dessen, was auf eurer Erde geschah. Der Krieg und der Kampf werden fortgesetzt. Aber langsam, wenn die Besinnung erwacht, verlassen diese Seelen diesen Platz und werfen alle Vorurteile und Feindseligkeiten ab, die sie aus eurer Welt zu uns mitbrachten. Dann beginnen sich die Probleme von selbst zu lösen. Durch das wahre Verstehen der geistigen Gesetze erkennen alle ihre gemeinsame Aufgabe, die darin besteht, sich auszurüsten, die eigenen Gaben zu vervollkommnen und die vorhandenen Talente zu entwickeln, was aber nur durch den Dienst am Nächsten geschehen kann. Alles sind nur vorübergehende Probleme. Die Aufgaben sind gestellt, wie die Erkenntnisse der geistigen Tatsachen jenen beigebracht werden, die noch nichts davon wissen. Alle nutzbringenden Versuche müssen unternommen werden.

Wie wir erfahren haben, kann sich ein Verstorbener an 4 - 5 Inkarnationen zurückerinnern. Hat er da nicht einen sehr großen Verwandten- und Bekanntenkreis?

Ja, das ist gewiß. Und trotzdem liebt er alle. Sie bilden zusammen einen großen Freundeskreis. Ein jeder tritt für den anderen ein, um ihn dann in das Licht mit hinaufzuziehen. All jene, welche dir gut gesinnt sind, sind um dich herum.

Über Zweifel, Angst und Atheismus

Ist es überhaupt möglich, einen hartnäckigen Atheisten von dem Überleben der Seele zu überzeugen?
Jeder Versuch ist lohnend, obgleich niemand den Zeitpunkt kennt, wo der Versuch glückt. Mitunter erinnert sich der Mensch erst nach Jahren an eine derartige Belehrung. Auch der größte Zweifler kann überzeugt werden.

Die Menschen kümmern sich viel zu sehr um die materiellen Dinge. Sie suchen nach Schätzen und wollen reich werden, auch wenn es Opfer kostet. Die geistigen Belange treten immer mehr zurück. Was kann man da tun?
Man weiß nicht, daß die Kräfte des Geistes sehr stark sind, ja, so stark, daß sie die Materie regieren können. Ihr müßt versuchen, die Kraft des eigenen Ichs zu verstehen. Ihr müßt danach trachten, daß die Weisheit unerschöpflich ist und daß die Schätze des Großen Geistes unvorstellbar gewaltig sind. Wir, im Jenseits der Existenz, können euch nicht mit Gold oder Edelsteinen noch mit Geld überschütten, aber wir können euch die unvorstellbare Wahrheit vermitteln, die euch reicher macht, als alles Gold auf Erden. Darum hat Christus gesagt: ‚Was nützt es schon, wenn ihr die Schätze der ganzen Welt erringt und doch Schaden nehmt an eurer Seele?‘ Die Juwelen des Geistes behalten immer ihren Wert, auch wenn der Körper vergeht. Der Geist, beziehungsweise die Seele mit ihrem Geistkörper besteht weiter, denn das Bewußtsein und die Erfahrung mit ihrer Erinnerung sind unzerstörbare Eigen-

schaften, unverlierbares Eigentum, das unvergängliche Erbe des wirklichen Urerzeugers, ein Bestandteil des Schöpfers!

Die meisten Menschen sind der Meinung, daß mit ihrem Hinscheiden alles endgültig vorbei ist. Sie sagen daher: ‚Wozu überhaupt noch lernen, da wir es doch nicht mehr brauchen‘.
Ich weiß, daß es so ist. Viele ältere Leute sitzen da und dösen vor sich hin, trotzdem sie noch aufnahmefähig sind. Aber nichts kümmert sie mehr. Ich betone jedoch ausdrücklich, daß es bis auf die allerletzte Minute ankommt, sich zu bilden und an sich zu arbeiten. Das sind nämlich jene Dinge, die ihr mit hinüberretten könnt. Das Materielle zählt dann sowieso nicht mehr.

Wir erleben immer wieder, daß die Menschen nicht in der Lage sind, sich ein Leben nach dem Tod vorzustellen. Wie kann man diesen Menschen diese Tatsache erklären?
Für jeden Menschen gibt es ein universelles Leben, das sich nicht nur auf diese Erde beschränkt. Jedes Leben ist stufenförmig und in verschiedenen Formen aufgeteilt. Das Erdenleben ist demnach eine Stufe als auch eine besondere Form des gewaltigen Lebens. Nach dem Sterben kehrt der Mensch immer wieder in seine Urheimat zurück, in die Regionen des Geistigen Reiches. Durch die göttliche Gnade kann der Mensch einen Leihkörper bekommen, der ihm ein Leben in der Materie erlaubt. Der Grund für die Unfähigkeit des Begreifens liegt am schlechten Willen.

Die Welt bietet Millionen Beweise, daß die Seele nicht nur unsterblich ist, sondern daß sie sogar aktiv am irdischen Leben teilnimmt, auch wenn sie sich im Jenseits befindet. Der Mensch strebt nach einem guten Leben, aber leider nicht nach einer Vollkommenheit. Im Gegenteil, er tut alles, diese Vollkommenheit zu verhindern, und der Widersacher hilft ihm dabei. Die Naturvölker erleben täglich den Kontakt mit den verstorbenen Menschen, aber sie fürchten sich sehr vor ihnen. Doch die angeblich zivilisierten Menschen sagen, daß die Naturmenschen noch zu blöd sind. Das ist eine völlige Diskriminierung einer natürlichen Medialität.

Der Gedanke an ein Weiterleben nach dem Tode ist für die Führer dieser Menschheit geradezu makaber. Ist das so?
Ja, so ist es tatsächlich, denn man will nicht an eine Gefahr erinnert werden, die möglicherweise auf sie zukommt. Also weg mit diesen Themen, denn es ist für sie höchst unsympathisch.

Die meisten Menschen sind der Ansicht, daß es sich nicht lohnt, für eine Zukunft nach dem Tode zu leben und zu arbeiten.
Die Menschen können gar nicht genug an das Leben nach dem Tode erinnert werden. Wenn sie die Wahrheit verständlich präsentiert bekommen, dann werden sie schon merken, daß es sich lohnt. Bis jetzt sind die Kirchen noch nicht in der Lage, die Wahrheit so zu verbreiten. Es gibt im Universum Menschen, die nichts von Gott und nichts vom

Weiterleben nach dem Tode wissen wollen. Trotzdem sind diese Menschen positiv und handeln in jeder Weise vernünftig und gut. Aber auf dieser Erde hier sind die Menschen nur dann positiv, wenn sie merken, daß sie sonst im Leben Nachteile haben. Aber es ist wichtig, daß sie begreifen, daß es auch solche Nachteile gibt, die nach dem Leben in Erscheinung treten. Natürlich gibt es auch hier Ausnahmen.

Noch immer sind die meisten Menschen davon überzeugt, daß es keine Beweise für die Weiterexistenz des Lebens nach dem Tode gibt. Was kann man darauf antworten?
Für diese Frage gibt es eine klare Antwort. Der Himmel gibt genügend Beweise für das Weiterleben in einer anderen Dimension. Das müßte jedem vernünftigen Menschen genügen, um die Wahrheit zu akzeptieren. Immer sind es nur gewisse Menschen, die alles daran setzen, diese Beweise eines weit größeren Daseins zu zerstören oder als unglaubwürdig zu verwerfen. So lange der Durchschnittsmensch auf diese Gotteslästerungen und Diffamierungen übersinnlicher Beweise hört, kann er sich in diesem Leben nicht richtig zurechtfinden, und er sieht keinen rechten Sinn in seinem Leben. Aus diesem Grunde glauben die meisten Menschen, daß ihre ganze Erdenexistenz nur vom Tage der irdischen Geburt bis zur Stunde des Ablebens währt. Dahinter bleibt für sie nichts anderes als eine ewige Bewußtlosigkeit.

Wir können nicht begreifen, daß die Allgemeinheit so wenig Interesse für das Leben im Geistigen Reich aufbringt.
Das Leben in den jenseitigen Sphären ist bedeutungsvoller als das Leben auf der Erde. Jeder Mensch, ohne eine einzige Ausnahme, muß zwangsläufig einmal in diese Sphären. Dann steht er unwissend da und findet sich schwer zurecht. Außerdem sind die meisten Menschen der Ansicht, daß nur ganz besonders gute und fromme Menschen im Jenseits auferstehen können, während andere ganz bewußtlos im Dunkel bleiben. Der Mensch hat etwas gegen den Tod. Er fürchtet ihn. Und alles, was damit zusammenhängt, ist ihm unsympathisch. Er will nichts davon hören, auch wenn es sich um das Jenseits handelt. Außerdem wird das Jenseits von Schmierfinken mit schlechtem Charakter verunglimpft und verspottet.

Gibt es einen besonderen Grund dafür, daß die meisten Menschen die Lehre von der Unsterblichkeit nicht nur ablehnen, sondern sie angreifen?
Ja, um Hemmungen zu verbergen wird der Mensch oft unverschämt. Er schämt sich nämlich, wenn von ihm verlangt wird, daß er sein wahres Gesicht zeigen soll. Er glaubt nämlich aus diesen Hemmungen heraus, daß man ihn auslachen würde oder daß man ihn verspotten kann. Lieber zeigt der Mensch nur seine über alles geliebte Maske und ist stolz, daß er sich so gut verstellen kann. Im Grunde ist ihm dabei oft mehr zum Weinen zu Mute, aber er will sich dabei nur keine Blöße geben. Würden die Menschen sich

gegenseitig nicht belügen, so würden alle Menschen viel besser miteinander auskommen. Es fehlt überall das Vertrauen zueinander.

Viele Menschen können sich ein für uns unsichtbares Leben nicht vorstellen. Damit glauben sie auch nicht an ein Weiterleben nach dem Tode. Wie kann man diesen Menschen das erklären?
Ihr müßt euch darüber klar werden, daß es für die Menschen ein universelles Leben gibt. Dieses Leben ist stufenförmig und in verschiedene Formen aufgeteilt. Das Erdenleben ist demnach sowohl eine Stufe, als auch eine besondere Form des gewaltigen Lebens. Der Mensch kehrt aber immer wieder in das Geistige Reich zurück, das seine Ur-Heimat ist. Hin und wieder erhält der Mensch durch die göttliche Gnade ein Geschenk, nämlich einen Leihkörper, der ihm ein Leben in einer anderen Welt ermöglicht. Ihr sagt zu unserem Reich das ‚Jenseits' oder ‚die andere Welt'. Wir sagen zu eurem Reich das ‚Diesseits'. Aber wir könnten ebensogut das ‚Jenseits' oder ‚die andere Welt' sagen. Kann ein Erdenmensch die Kraft sehen, die aus einer Pflanze die Blüten treibt? Ebenso kann der Mensch nicht das Reich sehen, in dem wir leben. Der Grund für das schlechte Begreifen liegt in der falschen Berichterstattung. Die Erdenmenschheit wird in den geistigen Belangen nicht genügend orientiert. Man vergißt, daß es auch eine Pseudo-Wissenschaft gibt, nämlich eine Verdrehung wichtiger Tatsachen.

Bei vielen Menschen stößt die grenzwissenschaftliche Lehre vom Überleben der Persönlichkeit auf harten Widerstand, weil der Mensch in seinem Privatleben nicht von unsichtbaren Wesen beobachtet sein will.
Aber selbstverständlich hast du dein Privatleben. Niemand drängt sich dazwischen. Wie schon früher betont, gibt es bei uns keinen Lauscher oder Horcher. Du wirst beobachtet, weil die, die dich lieben, dir nahe sind. Das bedeutet aber keinesfalls, daß sie sich in einer Weise benehmen würden, die ihrer geistigen Natur fremd sind. Lüsterne Neugier ist ihnen ein unbekannter Begriff. Nur weil ein geistiges Band dich mit ihnen verbindet, wirst du beachtet. Sie wünschen ihr Leben mit dem deinigen zu teilen, um gemeinschaftliche Freuden zu genießen und dir in deinen Sorgen und Nöten zur Seite zu stehen. Es ist etwas, über das du dich riesig freuen, aber keinesfalls Sorgen machen solltest. Denn es zeigt dir, daß um und über dir Schutz und Obhut von denen waltet, die dich lieben und dir deshalb sehr nahe sind.

Eine der wichtigsten Fragen unserer Leser besteht darin: ‚Was geschieht in dem Augenblick, wo der Mensch die Augen schließt und klinisch für tot erklärt wird?'
Ich weiß, daß es sich dabei um eine Kardinalfrage handelt. Jeder Mensch muß unbedingt wissen, daß er sowohl auf Erden wie auch im Jenseits einer höheren Instanz untersteht. Er muß auch wissen, daß er eine unsterbliche Seele besitzt. Eine Seele zu besitzen, bedeutet ewiges Leben. Hätte der Mensch keine Seele, würde er gefühllos, aber

keineswegs unintelligent sich auf diesem Planeten bewegen, als wäre er ein Roboter. Ein Bewußtsein wäre ihm zu eigen, aber es wäre ein Leben nur auf Reaktionen und Reflexen beruhend. Wiederum wird es die Wissenschaft sein, die ärgste Feindin der Erkenntnis, die den Kreis endlich schließt und somit den Weg zu Gott ebnet. Doch das wird ungewollt geschehen. Die geistigen Kräfte haben es schon seit eh und je sehr schwer, sich gegen das materialistische und egoistische Denken durchzusetzen.

Vor einigen Tagen sagte ein älterer Herr: ,Wenn ich tot bin, ist ja sowieso alles aus'. Ich fragte ihn: ,Woher wissen Sie das?' Er antwortete: ,Ich sehe nichts, und durch Gott geschieht nichts'. Was sagst du dazu?
Diese Antwort zeugt von einem geistigen Rückstand. Leider ist er bei so vielen anzutreffen.

Wo liegt dabei die Schuld?
Es sind jene Menschen, die ihre Ignoranz Gott gegenüber zur Schau tragen. Seht mal her, was ich mir aus allem mache! Selbstverständlich kann man die Schuld auch bei der Kirche suchen, wie auch bei den Pädagogen, bei den Politikern und vor allen Dingen bei sich selbst. Die Menschen dünken sich alle so ungeheuer klug. Die Wissenschaft besteht zu 50% aus Irrtümern. Trotzdem treibt die Wissenschaft, ohne es zu beabsichtigen, unaufhörlich der göttlichen Wahrheit zu. Mit jeder Entdeckung treten auch neue Rätsel auf. Um diese zu lösen, kommt man der großartigen Wahrheit näher und näher.

Wenn man Mitmenschen über das, was den Tod betrifft, aufklären will, stößt man auf eine gewaltige Ablehnung. Wie soll man sich da verhalten?

Diese Menschen sind ihr ganzes Leben lang mit Scheuklappen herumgelaufen. Ein paar Worte genügen, um festzustellen, ob hier überhaupt Samen aufgehen kann. Doch die Lawine der Erkenntnis ist bereits ins Rollen gekommmen. Das Fernsehen sollte anstelle der Sonntagspredigt lieber einen Film zeigen, auch wenn es nur ein Trickfilm ist, der veranschaulicht, was nach dem Tode geschieht. Atomare Vorgänge werden im Trickfilm gut veranschaulicht. Das sollte für den Abschied der Seele vom Körper auch möglich sein. Der Menschheit muß klargemacht werden, wie die Umwandlung vor sich geht. Es muß gut veranschaulicht werden, daß das Bewußtsein nicht materiell ist und auch keine Funktion der Materie darstellt. Daher löst sich das Bewußtsein vom Körper und geht als geistiger Stoff in das Reich des Geistes zurück. Das Ableben des Menschen von seiner sichtbaren Form wird als traurig und düster angesehen und behandelt. Das ist der Irrtum, denn das Ableben ist in Wirklichkeit in Glanz getaucht. Es ist ein feierlicher Augenblick im Leben eines Menschen. Die Menschheit glaubt, daß die Wissenschaftler kluge Köpfe sind, die gründlich und sachlich alles prüfen und untersuchen. Man glaubt, daß sie sachlich den Dingen ohne Vorbehalte auf den Grund gehen. Was sie sagen, wird als absolute Wahrheit betrachtet. Aber das ist der große Irrtum der Masse. Es ist eure Aufgabe, hier gründlich aufzuklären!

Über welche Wege kann das Wissen über die vierte Dimension erreicht werden?
Zuerst durch den Glauben an Dinge, welche sich nicht sofort erfassen lassen, sondern durch den Geist des Menschen durchdacht werden müssen. Würden die Wissenschaftler fortan an das Weiterleben in einem Geistigen Reich glauben, so hätten sie die erste Voraussetzung dafür erfüllt. Durch weiteres Forschen würde der Menschheit die Tür zur vierten Dimension geöffnet werden. In dieser Dimension gibt es aber eine ungeheure Kraft. Sie gestaltet alles Leben und jede Existenz im ganzen Universum.

Wie soll man einem Atheisten klarmachen, daß es doch ein Leben nach dem Tode gibt. Der Atheist wird selbstverständlich alles als dummen Aberglauben erklären. Was sagt ihr dazu?
Wenn man weiß, daß man es mit einem gottlosen Menschen zu tun hat, so darf man den Bogen nicht überspannen. Aber trotzdem soll man auch ihm die Meinung sagen, auch wenn er darüber lästert. In seinem Leben oder auch danach kommt immer ein Augenblick, wo er froh sein wird, etwas darüber zu erfahren. Dann aber wird er sich an eure Worte erinnern, und das hilft ihm vielleicht weiter.

Der Atheismus hat in den letzten Jahren ungeheuer zugenommen. Es scheint so zu sein, daß die Atheisten überhaupt kein Verlangen nach einer Erkenntnissuche haben. Was sagst du dazu?
Oft zwingt das Leben einen Menschen zu einer Erkennt-

nissuche. Dann sind die besser dran, die einmal etwas vom Leben nach dem Tode gehört haben. Diese Menschen können gar nicht oft genug an ein jenseitiges Leben erinnert werden. Aber es ist wichtig, daß sie diese Wahrheit in sehr verständlicher Form präsentiert bekommen. Mit der Zeit werden sie dahinterkommen, daß es sich lohnt, sich damit zu beschäftigen. Leider sind die Kirchen nicht in der Lage, den Menschen in klarer Weise dies verständlich zu machen. Wir sehen mit an, daß die meisten Kirchenvertreter weniger an ihre Religion glauben, als ihre Gemeindemitglieder. Diese Kirchenbeamte weichen der Frage nach dem Weiterleben immer wieder aus. Was der Mensch in seinem Erdenleben lernt, erfährt und in sich aufnimmt, das bleibt ihm auch über den physischen Tod hinaus erhalten. Es geht nichts verloren, denn auch die vergessenen Dinge sind immer wieder in Erinnerung zu bringen, da sie kosmisch aufgezeichnet sind. Es kommt nur auf die richtige Peilung an. Wie vorsichtig sind die Menschen, wenn sie merken, daß sie Nachteile erleiden können. Aber wenn es um die Nachteile nach dem Tode geht, dann sind sie nicht ansprechbar.

Es ist unglaublich schwer, den Menschen die geistige Weiterexistenz nach dem Tode zu lehren. Gibt es einen guten gangbaren Weg?
Der beste Beweis des tatsächlichen Jenseitslebens besteht darin, daß ein echter Jenseitskontakt sofort Himmel und Hölle offenbart. Dieser Kampf zwischen Gut und Böse tritt sofort in Erscheinung. Natürlich werden auf diese Weise

nur die Zirkelteilnehmer überzeugt. Im Jenseits ist alles Superlativ, also auch Gut und Böse. Es kommt also darauf an, alles vernünftig und gut zu beobachten. Die Schwierigkeiten bestehen dann darin, die passenden Worte zu finden, um anderen Menschen das alles verständlich zu machen.

Über die Kirche

Die christlichen Kirchen sprechen fast immer nur vom ‚Ewigen Schlaf'. Für uns ist es unfaßbar, warum über das Leben nach dem Tod fast nichts gepredigt wird. Woran liegt dies?

Man überläßt den wichtigsten Punkt des wahren Gottglaubens einfach dem Zufall, das heißt ohne Absicht, diese Wahrheit ernsthaft zu untersuchen und zu erforschen. Christus gab darüber genaue Auskunft, aber man hat ihm in diesem Punkt keinen rechten Glauben geschenkt. Darum wurde nach und nach alles, was darüber existierte, ausgerottet. Die Kirchen können daher keine Auskunft geben, weil die biblische Lehre dazu fehlt. Außerdem sind die Kirchenverantwortlichen große Zweifler und haben Angst vor der Wahrheit. Das Unfaßbare dabei ist, daß diese Lehre und Tatsache vom Leben in einer anderen Welt die denkbar einfachste ist, aber nicht geglaubt wird.

Die Menschen sind von der Kirche her so voller Vorurteile, daß alles andere daran scheitert. Wie kann man diese Vorurteile ausräumen?

Alle Vorurteile kommen immer aus der Unkenntnis. Die Kenntnis, also das Wissen, räumt die Vorurteile aus. Es ist daher eure Aufgabe, das Wissen für den Normalmenschen begreiflich zu machen. Wenn der Mensch etwas begreift, so räumt er seine Vorurteile von selbst aus. Nach diesem Konzept arbeiten wir auch. Es ist unser Anliegen, euch auf jede Weise verständlich zu machen, daß der Mensch im

Grunde genommen unsterblich ist. Aber der Mensch ändert sich im Laufe des Lebens, er wird älter und sieht dann anders aus. Die letzte Änderung ist der körperliche Tod, der den Geist entläßt. Das ist doch sehr leicht zu begreifen. Eigentlich müßten die Kirchen diese Lehren aufgreifen und verbreiten, denn in Wirklichkeit sollten die Kirchen keine Lügenstätten, sondern die Universitäten Gottes für das Volk sein.

Schüler und Schülerinnen wurden befragt, ob sie an ein Weiterleben nach dem Tod glauben. Sie antworteten, daß sie es sich nicht vorstellen können, daß man ‚da Oben' weiterlebt und einem alten Mann gegenübersteht, der der ‚liebe Gott' sein soll. Was sagst du dazu?

Hier erkennt man deutlich das klägliche Versagen der Kirchen. Das Jenseits ist kein ‚Oben', es beginnt bereits unmittelbar auf der Erde! Wenn ihr geistige Augen hättet, könntet ihr beobachten, wie die Jenseitigen euch über die Schulter sehen, um zu erfahren, was ihr tut. Aber sie hören auch eure Gedanken sprechen! Es ist ein ständiges Kommen und Gehen. Die Erde ist begrenzt. Das Jenseits ist grenzenlos und ohne Zeit. Aber das Jenseits ist ein gewisses Modell für die Erde. Es gibt Berge und Seen, Bäume und Blumen, Häuser und Gärten, und die Seelen benehmen sich wie auf der Erde. Gott ist kein alter Mann, sondern ein gewaltiges Bewußtsein mit ungeheurer Schöpfermacht. Gott ist das gesamte Gedächtnis der Natur. Der Mensch wird, wenn er ins Jenseits kommt, nicht Gott gegenübergestellt, sondern jenseitigen Seelen, die Gott dienen. Natürlich gibt es eine jenseitige Gerichtsbarkeit. Wenn viele Führer das wüßten, gäbe es keinen Krieg mehr auf Erden und kaum noch Kriminalität. Es ist unbegreiflich, warum die Kirchen nicht an diese Botschaften glauben. Was Priester vor Jahrtausenden zusammenphantasiert haben, wird als heilig und tabu erklärt. Wenn aber jemand den Mut hat, diese Irrtümer zu kritisieren, dann wird ein Verfahren gegen ihn eingeleitet. Auf diese Weise benehmen sich die Theologen nicht anders als die befragten Schüler. Sie reden vom ‚lieben Gott' als Person und von ‚Unten' und von ‚Oben'. Wenn diese jungen Leute eine Ahnung hätten, wie groß und vielseitig das Jenseits ist und welche superlativen Möglichkeiten es bietet, so würden sie zugeben müssen, daß es hochaktuell und interessant ist. Gegen dieses gewaltige Reich ist die Erde nur ein Stäubchen und ihre Entwicklung kaum der Rede wert.

Die Kirchen haben etwas dagegen, wenn man Kontakt mit dem Jenseits aufnimmt. Man spricht dann von Abgötterei und Dämonen. Was kann man dazu sagen?
Der Verkehr mit der Geisterwelt ist kein Fehler, wenn es sich um Belehrung handelt. Doch wenn andere Absichten dahinter stecken, sieht es anders aus. Die Geisterwelt ist nicht dazu da, um Ratschläge für Geschäftemacherei oder für sonstige Gewinnchancen zu erteilen. Auch ist das Geistige Reich keine Auskunftstelle für Verbrechen, Verrat oder Rache. Es kommt ganz darauf an, wie man mit der Geisterwelt, also mit den ‚Toten' verkehrt. Wenn die Kirchen von Dämonen sprechen, so ist das der Beweis, daß

die Kirchenväter diesen Jenseitskontakt völlig falsch gehandhabt haben. Diese Fragesteller waren negativ, weil sie selbstsüchtige oder unzulässige Fragen gestellt haben. Wenn die Absichten negativ sind, so sind auch die Kontakte negativ, und man darf sich nicht darüber wundern, wenn böse und negative Geister ihr Unwesen treiben. Wenn keine Achtung vor dem Göttlichen da ist, so ist es Blasphemie!

Die Kirchen warnen auch heute noch vor dem Verkehr mit dem Jenseits. Ist diese Gefahr wirklich so groß?
Es gibt gewisse Gefahren, wenn diese Verständigung nicht richtig gehandhabt wird. Es darf kein Mißbrauch damit getrieben werden. Aber viele Leute wissen nicht, was überhaupt zum Mißbrauch gehört. Jedenfalls ist die angebliche Gefahr von den Kirchen und Unwissenden ins Ungeheuerliche übertrieben worden.

Der Totenkult, der überall betrieben wird, bringt die Menschen auf völlig falsche Gedanken.
Wie urteilt ihr darüber?
Der allgemeine Totenkult ist auf eine ‚ewige Ruhe' ausgerichtet. Auf den Grabsteinen steht: ‚Hier ruht' oder ‚Hier schläft'. Das ist völlig verkehrt, denn es gibt im Jenseits keine derartige Ruhe, wie sie gemeint ist. Im Gegenteil: Es gibt große Missionen, viel Arbeit und einen großen Dienst an der Menschheit. Nicht alle Seelen sind für den großen Dienst geeignet. Aber es gibt einige, die ihre ganze Liebe zur Menschheit in diesen Dienst stellen, der ihnen alles be-

deutet und sie deshalb auch glücklich macht. Ich erkenne sie, welche für den Dienst am Menschen geeignet sind, und wenn ich mit ihnen eine Verbindung aufrecht erhalte, ermuntere ich sie selbstverständlich, den Dienst in der großen Mission aufzunehmen. Es gibt Menschen auf der Erde, die einen Beruf haben, den sie sich erwählt haben. Aber es gibt auch einige Menschen, an die das Geistige Reich herantritt und sie bittet, sich in den Dienst Gottes zu stellen. Das ist dann eine echte Berufung. Doch diese Menschen reden nicht viel von einer solchen Berufung, weil sie wissen, daß man ihnen keinen Glauben schenkt, man hält sie sogar für eingebildet oder verrückt. Trotzdem tun diese Menschen in aller Liebe ihre Pflicht. Ihre göttliche Berufung bleibt ihr eigenes Geheimnis. Diese Menschen befinden sich auf der breiten Straße des notwendigen Dienstes, auch wenn er ihnen keinen finanziellen Nutzen bringt. Aber in unserer Welt werden sie dann mit großer Achtung und Liebe empfangen. Sie ruhen nicht und schlafen keineswegs, sondern reihen sich bei uns ein, um weiter im Großen Plan mitzuwirken. Es sind Vorbilder, wie Christus sie schätzt.

Auf den Grabsteinen steht gewöhnlich: ‚Ruhe sanft'. Was haltet ihr von diesen Worten?

Von einer Ruhe kann man doch nur sprechen, wenn diese Ruhe auch bewußt wahrgenommen wird. Hierin erkennt man schon den Unsinn dieser Grabinschriften. Wenn die Atheisten annehmen, daß nach dem Tode nichts mehr existiert, so kann es auch keine Ruhe mehr geben. Ein unbeseelter Leib kennt keine Ruhe, Rast oder Schlaf. Er kann nichts mehr wahrnehmen. Ganz anders aber ist es mit der Seele, sie ist ja die geistige Funktion des Leibes und bleibt am Leben. Man muß eben über die Phrasen der Kirchen hinwegsehen. Im Jenseits ist von einer ewigen Ruhe keine Rede, aber desto mehr von einer Unzufriedenheit und Disharmonie. Die Zufriedenheit und Harmonie kommt dagegen aus der emsigen Tätigkeit. Die Unzufriedenheit dagegen aus der Faulheit. Unsere Aufgaben liegen auf einer anderen Basis. Doch da wir auch einmal in der Materie gelebt haben, so haben wir für alles Verständnis. Wenn wir zu euch sprechen, sind wir bemüht, stets in eurer Sprache zu reden. Wir müssen uns also sehr weltlich einstellen, damit keine Irrtümer auftreten.

Die Hochkirchen beherrschen den Totenkult auch heute noch völlig im negativen Sinn. Wird sich daran einmal etwas ändern?
Der kirchliche Totenkult wird noch eine ganze Weile bestehen bleiben, da er eine sehr einträgliche Quelle für die Kirchen und auch für andere Geschäfte ist. Daran wird sich so schnell nichts ändern. Aber man wird allmählich vom bewußten Weiterleben jenseits des Grabes sprechen.

Über die Wissenschaft

Die Wissenschaft sagt oft: Wir stehen vor einem Rätsel. Soll man diese Erklärung, die sich auch auf den Tod bezieht, einfach so hinnehmen?

Die Erdenmenschheit nimmt viel zu viel so hin. Jede Erscheinung im Universum hat auch ihre Ursache, und jede Ursache hat auch Gesetze, denen sie folgen muß! Folglich gibt es auch keine Rätsel, die nicht zu lösen wären. Wenn die Menschheit die spirituellen Phänomene nicht enträtseln kann, so ist das ein Beweis dafür, daß sie mit falschen Vorstellungen an die Lösung der Rätsel herangehen. Sind die Vorstellungen richtig, so läßt sich auch das schwierigste Phänomen erklären.

Kommt diese Aufgabe der Wissenschaft zu, hier etwas zu ändern?

Das Wort ‚Tod' bedeutet Zerfall des Körpers auf Grund einer Entseelung. Das heißt Auflösung der Materie und Entlassung der Herrschaft des Geistes. Das ist allerdings eine Erkenntnis, die der Naturwissenschaft zukommt. Ihr alle seid ja in diesem Leben schon mehrmals ‚gestorben'. Ihr habt euren Körper mehrmals gewechselt, aber es hat dabei keine Entseelung stattgefunden. Der Vorgang vollzieht sich nur ganz langsam, so daß ihr kaum diesen Vorgang wahrnehmt. Jede Zelle erneuert sich, sie stirbt und wird durch eine andere abgelöst. Ihr habt also nicht mehr eine Zelle, die euer Kinderkörper einmal hatte. Diesem Körper trauert keiner nach. Die Seele hat nämlich einen anderen. Doch der Kinderkörper ist tatsächlich tot, um das Wort zu gebrauchen. Dieser Körper ist verwandelt, obgleich die Seele stets an einen Körper, das heißt an ein ‚Gefäß' gebunden blieb. Mediziner haben gelästert, daß sie noch nie eine Seele gefunden hätten, soviel sie auch den Körper seziert hätten. Das aber ist ein Beweis mehr, daß die Seele unsterblich ist.

Warum sind gerade akademische Wissenschaftler so schwer von der Existenz eines Geistigen Reiches zu überzeugen?
Diese Akademiker haben eine panische Angst vor dem Tode, deshalb suchen sie das ‚Ewige Leben' in der Materie. Sie glauben, der Mensch löst sich auf und sie wissen nicht, daß die Seele jenseits der Materie weiterexistiert. Wäre die Seele nur eine Winzigkeit materieller Natur, hätte man sie längst erkannt und wissenschaftlich nachgewiesen. Doch das Geistige Reich ist aus geistigen Atomen und Molekülen aufgebaut. Wir begreifen jedoch nicht, daß man die Materialisation der jenseitigen Seelen nicht als exakten Beweis anerkennt. Dieses Verhalten ist ein wissenschaftlicher Betrug an der gesamten Menschheit dieser Erde.

Wie kommt es, daß die heutigen Akademiker trotz der vielen Beweise ein Leben nach dem Tode immer noch für Aberglauben halten?
Den Akademikern wird schon seit Menschengedenken das Denken durch die Schulwissenschaft vorgeschrieben. Da-

rum fehlt es den meisten Menschen an einem eigenen, gesunden Urteil, das frei von allen schulmäßigen Begriffen ist.

Wir hören oft, daß man sich nach der Wissenschaft richtet. Wenn die Wissenschaft eine Sache voll anerkennt, so glaubt man daran. Wenn die Wissenschaft sich nicht einig ist, so zweifelt man ebenfalls. Aus diesem Grunde wird das Leben nach dem Tode meistens bezweifelt.

Die Wissenschaft setzt dem Spiritualismus eine Pseudo-Wissenschaft entgegen, denn das wirkliche Wissen besitzt nur derjenige, der die eigene Erfahrung besitzt. Das sind eben die Spiritualisten!

Für Spiritualisten ist es doch unbegreiflich, daß die öffentliche Meinung noch kaum etwas davon weiß. Woran liegt das?

Wir bemühen uns, ein Loch in diese Mauer der Unwissenheit zu schlagen. Sowohl die Existenz einer Geistigen Welt, als auch das Weiterleben der Seele nach dem Tod, sind wissenschaftlich anerkannte Tatsachen. Die Geheimnisse wurden sachgemäß und mit großer Sorgfalt von vielen Forschern entschleiert. Es waren Universitätsprofessoren, weltbekannte Physiker und berühmte Denker, die den Spiritualismus voll und ganz akzeptiert haben. Sie haben sich mit ihrem Namen dazu bekannt. Aber ihre Herren Kollegen haben diese Menschen ohne Gegenbeweise ignoriert oder sie mitleidig belächelt. Man glaubte sich tolerant, wenn man diese Forscher nicht für einfältig erklärte. Die Wissenschaftler in der ganzen Welt legen großen Wert auf die Unsterblichkeit, jedoch in anderem Sinne. Beweise gibt es genug, doch wenn man sie ignoriert? Alles, was Gott geschaffen hat, erhält auch seinen Platz und seine Aufgabe. Auch die Beweise des Weiterlebens gehören dazu, so auch der Mensch und auch die Seele. Glaubt ihr, Gott schafft ein ganzes Universum und alles Schöne, um den Menschen sterben zu lassen, ohne daran Freude gehabt zu haben? Der Seele steht das ganze Universum zur Verfügung, sonst wäre die ganze menschliche Existenz sinnlos.

Über den Jüngsten Tag

Die Theologen können die Frage nach dem Weiterleben nach dem Tode nicht beantworten. Was kannst du uns dazu sagen?

Ein Verstorbener hat die Fähigkeit, eure Welt zu sehen, ohne von euch gesehen zu werden. Die Auferstehung zum geistigen Leben erfolgt unmittelbar nach der Entkörperung. Der sogenannte Jüngste Tag ist jener Tag, der dem Tode unmittelbar folgt, es ist der Tag, an dem das Bewußtsein wieder einsetzt.

Bei einer christlichen Grabrede wird immer noch auf den Jüngsten Tag hingewiesen, an dem die Toten auferstehen sollen. Handelt es sich hier um einen entscheidenden Irrtum?

Es ist tatsächlich ein entscheidender Irrtum. Kein Pfarrer kann den Hinterbliebenen damit einen Trost spenden, denn er weiß selbst nicht um die Wirklichkeit. Der christliche Glaube stellt die Auferstehung so hin, daß für sie kein Termin besteht. Auf diese Weise wird der Erdenmensch in völliger Unwissenheit gelassen. Er kann sich unter der Auferstehung nichts vorstellen. Der Tag der Auferstehung ist der Tag des Wiedererwachens des Bewußtseins der Seele im Geistigen Reich. Dieser Tag schwankt zwischen einer Minute und mehreren Monaten, je nach der Todesursache und der seelischen Verfassung. Doch ist die Auferstehung nicht körperlich, das heißt materiell zu verstehen, sondern geistig, obwohl der Geist einen Astralkörper besitzt, der für die Seele eine begrenzte Fassung darstellt. In vielen Fällen nehmen die Seelen an ihren eigenen Bestattungen teil, wie sie auch oft genug an den anschließenden Trauerfeiern und Erbauseinandersetzungen unsichtbar zugegen sind. In vielen Fällen sind sie direkte Zeugen von Erbstreitigkeiten, aber auch der echte Kummer der Hinterbliebenen macht ihnen zu schaffen. Es ist ein Jammer, daß die großen Glaubensrichtungen gerade über den Tod und das Weiterleben nicht richtig orientiert sind, weil sie aus Egoismus und aus Fanatismus jeder entsprechenden Belehrung ausweichen. Das Geistige Reich hüllt sich keineswegs in Schweigen, sondern gibt gerade in dieser wichtigen Frage eine ausreichende Auskunft, die durch sichtbare Beweise unterstützt wird. Es gibt jedoch Völker, die nach Hunderten von Millionen Menschen zählen, die vom Weiterleben nach dem Tode eine klare Vorstellung haben, auch wenn sie die Gesetze des Geistigen Reiches nicht kennen. Sie wissen, daß es ein Jenseits gibt, aber sie wissen nicht, wie man dort lebt.

Die Kirchen lehren den Gläubigen einen Irrtum, nämlich den Seelenschlaf des Verstorbenen bis zum Jüngsten Tag. Durch die scheinbare Trennung von dem Verstorbenen geraten die Menschen in tiefe Verzweiflung, und ihre Trauer raubt ihnen jede Freude am Dasein. Was sagt ihr dazu?

Die tiefe, vor allem lange Trauer der Angehörigen ist ein großer Fehler, denn die heimgegangene Seele wird dadurch immer wieder herabgezogen. Der Weg zu Gott wird dadurch verlängert. Die Kirchen unterstützen leider diesen Fehler. Der Jüngste Tag ist für jeden Menschen der Tag, an dem er zu uns kommt. Die Loslösung von der Materie bedeutet zugleich die geistige Auferstehung. Alle Seelen erleben diese Auferstehung, ob gut oder schlecht. Hat eine Seele im Leben Verfehlungen begangen, so geht sie im Jenseits zu den Gleichgesinnten. War eine Seele im Erdenleben gut, so geht sie diesen Weg auch im Jenseits weiter. Im Geistigen Reich gibt es alles im Superlativ, sowohl das Gute und Schöne, als auch das Böse und Häßliche, sowohl die Intelligenz, als auch die Dummheit, sowohl die Tüchtigkeit, als auch die superlative Faulheit. Was es aber nicht gibt, ist der lange Seelenschlaf und das ‚Ruhe sanft' der Kirchenlüge. Das Leben kann sich vom Körper trennen, aber es kann nicht ausgelöscht werden, denn das Leben ist kein materieller Stoff, keine materielle Energie, sondern ein ewiges Erbe Gottes.

Gibt es noch etwas, was ihr zum Jüngsten Tag sagen wollt?
Es gibt außer dem Spiritualismus keine Religion, die der Wahrheit gerecht wird, wenn es sich um den Jüngsten Tag handelt. Aus diesem Grunde ist die religiöse Menschheit nicht unterrichtet, was sie nach dem Tode erwartet. Selbst die Theologen haben keine Vorstellung von der Jenseitswelt und ihren Gesetzen. Der Spiritualismus ist eine Experimentallehre, die sich auf Erfahrungen mit den jenseitigen Seelen stützt. Es handelt sich dabei nicht um Vermutungen oder Dogmen, sondern um klar herausgestellte Erfahrungen, welche jene Menschen gemacht haben, die

ihren Körper hier auf Erden verlassen mußten. Es sind jene ‚Toten', von denen man annimmt, daß sie einen ‚ewigen' Schlaf schlafen. Aber die christliche Lehre läßt den Erdenbürger noch eine geringe Hoffnung, nämlich auf den Jüngsten Tag. An diesem unbekannten Tag sollen sich die Toten durch einen jenseitigen Posaunenruf zum neuen Leben erweckt werden. Diese Hoffnung ist naiv, sie entbehrt jeder Logik. Die Erfahrungen im Jenseitsleben und in der Jenseitsforschung sprechen dagegen. Es ist unverständlich, wie die biblischen Vorfahren überhaupt auf einen solchen Tag gekommen sind. Der Jüngste Tag heißt eigentlich der ‚letzte Tag'. Der letzte Tag im Erdenleben ist aber eigentlich der erste Tag im Jenseitsleben. Die Wahrheit ist, daß der Mensch nach seinem Tode in einen Schlaf fällt. Aber dieser Schlaf ist unterschiedlich lang. Er richtet sich nach der Art des Todes und nach der Beschaffenheit beziehungsweise nach dem Zustand der Seele. In den meisten Fällen ist der Schlaf des Todes nur verhältnismäßig kurz. Mitunter sind es nur Stunden, die der Mensch in einer tiefen Bewußtlosigkeit zubringt. In anderen Fällen tritt die Seele bewußt aus dem Körper aus und fällt dann erst in einen Genesungsschlaf. Andere Fälle dauern etwas länger, vielleicht Wochen oder Monate. Aber das sind schon Ausnahmen, wie es bei einer Explosion oder anderen plötzlichen Unfällen der Fall ist. Wichtig bleibt für euch die Feststellung, daß der entkörperte Mensch fast unmittelbar nach seinem Tode bewußt weiterlebt. Es gibt keine Massenerweckung und keinen Jüngsten Tag, an dem alle Verstorbenen plötzlich aufgeweckt werden, um zum großen Gericht geführt zu werden. Die falschen Auffassungen vom Jüngsten Tag sind Keimzellen des Atheismus. Die Kirchenlehren schöpfen alles aus alten Schriften. Demgegenüber schöpft der Spiritualismus alles aus den Treffen, in denen eine Verständigung mit den jenseitigen Seelen möglich ist. In diesen Kontakten geben die Seelen jede Auskunft über ihr Dasein, natürlich nur im Rahmen ihrer eigenen Erfahrungen, falls nicht bewußte Irreführung dahintersteckt. Was soll ein Hinterbliebener für einen Trost hinnehmen, wenn ihm der Pfarrer erklärt, daß der Tote schläft bis zum Jüngsten Tag? Aber der Pfarrer kann den Hinterbliebenen nicht erklären, wann und wie der Jüngste Tag stattfindet. Leider glaubt man den Medien nicht. Sie sind die verantwortlichen Mittler zwischen beiden Welten. Natürlich gibt es gute und auch schlechte Medien. Es gibt sogar große Versager und nicht zuletzt auch Betrüger. Aber ich meine nur die brauchbaren Mittler. Diese Medien geben der Menschheit hinreichende Auskunft über alle Fragen, die das Leben der Menschen in beiden Welten betreffen. Es sind dieselben Wahrheiten, die auch der Gesandte Gottes, nämlich Christus, gegeben hat. Gott läßt euch nicht in Unwissenheit!

Über den zweiten Tod

Christus erwähnte einen ‚Zweiten Tod‘, vor dem man sich zu fürchten habe. Was kannst du uns darüber sagen?
Gestorben heißt soviel wie abgeschieden. Wenn etwas voneinander getrennt wird, so sind es meistens zwei Teile. In diesem Fall handelt es sich um Körper und Seele. Es bedeutet, daß die Seele aus der fleischlichen Gefangenschaft befreit wird. Der zweite Tod findet im Geistigen Reich statt. Es ist ein geistiges Siechtum bis zum bitteren Ende, dann erfolgt eine Reinkarnation auf tiefster Stufe. Menschen, die schon auf Erden allen Lastern zugetan waren und sich in keiner Weise höherentwickelt haben, versumpfen im Jenseits immer weiter, bis sie den zweiten Tod erleiden müssen.

In der Bibel steht, daß Christus vor dem zweiten Tod gewarnt hat. Was sagst du dazu?
Es gibt einen zweiten Tod, aber auch einen dritten und vierten und mehr. Der Tod ist ja nur ein Hinüberwechseln von einer Daseinsform in eine andere, vom stofflichen zum geistigen Leben, das, was ihr als Ableben bezeichnet oder das Hinüberwechseln vom geistigen Leben ins stoffliche, also eine Reinkarnation. Ihr müßt wissen, daß Zeit im Jenseits belanglos ist. Der Tod, den Christus gemeint hat, ist der geistige Tod, das heißt die Verkümmerung des Glaubens und dann die geistige Umnachtung. Er meinte nicht das Hinüberwechseln von einer Daseinsform in die andere. Ein geistiger Tod kann zum Beispiel auch das Aus-

löschen der Persönlichkeit sein, die absolute Hörigkeit dem Widersacher gegenüber. Diesen geistigen Tod erleben viele Menschen täglich. Folgendes Beispiel:
Eine junge Amerikanerin, die Millionärin war, die stets gut erzogen und behütet wurde, die an Gott glaubte und positiv dachte, ging als Samariterin zu den Kranken und Armen, um ihnen zu helfen. Diese Frau kam mit einem Revolutionär zusammen, der sie umprogrammierte, so daß sie Gott verleugnete und sich völlig änderte. Sie beteiligte sich an Störaktionen und beging Gewalttätigkeiten. Sie war gegen Gott und gegen die Gesellschaft. Diese Frau erlitt den zweiten Tod, von dem Christus sprach und warnte. Diese Frau wurde in einem Feuergefecht erschossen und landete mit ihrer Seele in den tiefsten Sphären. Aber auch dieser zweite Tod kann rückgängig gemacht werden, wenn nur ein Funke von Einsicht besteht.

Über den Tod von Kindern

Was geschieht mit den Seelen von kleinen Kindern, die als Baby oder als Kleinkind sterben?
Kinder jeden Alters können sich in unserem Reich weiterentwickeln. Doch ein Kind findet schwer Anschluß an den eigenen Seelenkosmos, das heißt, es kann sich an etwas vorher Erlebtes nicht mehr erinnern. In der Regel werden Kleinkinder und Kinderseelen meistens wieder reinkarniert, damit sie ihre irdische Läuterung durchmachen. Trifft die Eltern am Tode der Kinder keine Schuld, so können sie bei den gleichen Eltern inkarniert werden, wenn sie Gelegenheit dazu bekommen. Größere Kinder werden in geistige Obhut genommen. Sie können auch im Geistigen Reich in vielen Dingen unterwiesen werden. Sie wachsen geistig weiter und bleiben durchaus keine Kinder.

Was geschieht mit den sogenannten ‚Halbstarken', wenn sie ums Leben kommen?
Diese Seelen werden im Geistigen Reich in eine Sphäre der Umschulung gebracht. Hier wird ihnen klargemacht, daß es nur einen richtigen Weg gibt, nämlich den, der einer Entwicklung dient. Also müssen diese Seelen begreifen, daß man möglichst das Gute wählen muß, denn wer der Zerstörung oder der Mißachtung dient, der nähert sich schnell den niederen Sphären.

Werden die Kinder, die inzwischen erwachsen sind, von den Eltern im Geistigen Reich einmal wiedererkannt?

Wenn die Kinder durch das Band der Liebe mit den Eltern verbunden bleiben, so besteht kein Grund, warum sie nicht erkannt werden sollten. Die Kinder können ja das Leben ihrer zurückgebliebenen Eltern verfolgen. Alle Menschen sind Pilger auf der unendlichen, ewigen Straße des Universums. Was ein Mensch wirklich wert ist, erfährt am besten der Einsame, der hochbeglückt ist, wenn er überhaupt einen Menschen trifft, mit dem er sich verständigen kann. Jeder Mensch braucht irgendwann einmal Hilfe des anderen. Darum ist es nicht zu verstehen, daß die Menschen auf Erden sich gegenseitig befeinden und untereinander hassen. Im Jenseits sind schon die erbittertsten Feinde die besten Freunde geworden, weil sie erkannt haben, daß das Leben ewig ist.

Kann eine ins Geistige Reich gegangene Mutter ihr auf der Erde zurückgelassenes Kind aus dem Jenseits unterstützen?
Wenn die Liebe zu dem Kind sehr groß ist, so ist eine solche Unterstützung durchaus möglich, indem sie ihre Liebe dem Kind weiter zukommen läßt. Die positiven Gedanken und das Gebet reichen weiter, als ihr zu glauben wagt. Das Gebet der Mutter hat im Jenseits die größte Kraft. Aus dem Jenseits ist es der Mutter auch möglich, ihren Einfluß geltend zu machen. Im Jenseits kann eine Mutter aus eigenem Entschluß erdgebunden sein.

Gibt es für die Kinder eine besondere Sphäre im Jenseits?
Die Kindererziehung geht auch im Jenseits weiter. Aber

ganz abgesehen vom äußeren Aussehen bleiben die Kinder so lange Kinder, bis sie den Anschluß an ihre Erinnerungsfrequenzen ihrer Vorleben gefunden haben. Das kann manchmal sehr schnell geschehen. Doch wenn das Kind zur Zeit seines Ablebens noch sehr klein war, konfrontiert man es nicht so schnell mit dem eigenen urewigen Ich. Es ist ja auch nicht immer schön, alles zu wissen. Auch der Erwachsene ist ein Naiver, wenn er ins Jenseits kommt. Im Jenseits ist er ein Unwissender. Dieser Zustand ändert sich erst, wenn er den Anschluß an sein gesamtes Ich gefunden hat, indem er sich an mehrere Inkarnationen erinnern kann. Im Jenseits erfährt er dann, was er schon alles war und erreicht hat und was er alles weiß. Damit der Schock nicht zu groß ist, wird dafür gesorgt, daß das Reinkarnationswissen über ihn selbst nicht auf einmal auf ihn zukommt. Wenn eine Seele volle Erinnerung erlangt hat und dabei feststellt, daß sie viele Verfehlungen durch Abtragen des Karmas gelöscht hat, kann es durch die Göttliche Gnade sein, daß sie sich plötzlich an keine Verfehlungen mehr erinnern kann. Das ist die wirkliche Sündenvergebung!

Wenn ein Kind ins Jenseits kommt, bestehen dann auch noch die Schwierigkeiten der Erziehung wie im Erdenleben?
Obgleich der Astralkörper des Kindes anfangs noch eine gewisse Naivität aufweist, ist das Kind aufgrund der vielen Reinkarnationen doch intuitiv vernünftiger und daher leichter zu leiten. Im Jenseits gibt es auch eine Art Schule.

Dort werden die Kinder wie in einer bestimmten Klasse unterrichtet und untergebracht. Die Kinder werden mit Liebe erzogen!

Hat die jenseitige Erziehung eines Kindes auch einen autoritären Charakter?
Selbstverständlich legt das Geistige Reich großen Wert auf einen Gehorsam, denn ohne Ordnung gibt es kein Zusammenleben. Wenn auf der Erde die antiautoritäre Erziehung ausprobiert wird, so sind doch schon die meisten Psychologen dahinter gekommen, daß es ohne Erziehung zum Gehorsam nicht geht. Es kommt daher darauf an, wann ein Kind zu gehorchen hat, denn der eigene Wille des Kindes soll nicht unterdrückt werden. Es kommt eben darauf an, konsequent zu sein, denn es gibt Tabus, die auch ein Kind beachten muß.

Über den Schmerz

Spiritualisten haben vor dem Tod oft weniger Angst, als andere Menschen. Aber trotzdem gibt es auch unter den Spiritualisten Menschen, die sich vor dem Sterben fürchten. Was sagst du dazu?

Es kann vorkommen, daß ein Mensch sehr große Schmerzen aushalten muß, aber wenn diese Schmerzen unerträglich werden, so schaltet das Bewußtsein automatisch ab. Das hat aber nichts mit dem Vorgang des Sterbens zu tun. Wenn der Tod kommt, so wird der Körper schmerzlos. Es ist, als hätte der Körper eine Betäubungsspritze bekommen. Das Bewußtsein bleibt meistens erhalten. Selbst wenn es den Anschein hat, als ob der Sterbende nichts mehr wahrnimmt, so ist das ein Irrtum. Er kann sich dann zwar nicht mehr mitteilen, aber er erkennt trotzdem noch, was um ihn herum vor sich geht. Der Tod ist völlig schmerzlos. Alle Nerven schalten im Bruchteil einer Sekunde ihre Wahrnehmung ab. Der Mensch in seiner geistigen Individualität fühlt sich zunehmend leichter und freier. Dann kommt jedoch der große Augenblick, wo er von seinen Bekannten und Freunden in Empfang genommen wird. Es können gute, aber auch böse Bekannte sein. Das richtet sich nach der Entwicklung der Seele des Sterbenden. In den meisten Fällen kommt es zu einem großen Schock, da ja die meisten Menschen nicht an das Weiterleben glauben.

Bestehen Schmerzen auch noch im Jenseits weiter?

Ja, aber nur etwa ein bis zwei Monate lang. Doch die

Süchte bestehen viel länger. Die Schmerzen erstrecken sich nur auf ehemalige organische Leiden, zum Beispiel Kopfschmerzen, Magendrücken, Hustenreiz und ähnliche Beschwerden. Andere Gebrechen sind davon ausgeschlossen.

Kannst du uns sagen, warum eine Seele im Jenseits noch Schmerzen empfinden kann?
Es handelt sich um eine suggestive Einbildung. Im Jenseits muß sich der Mensch zuerst sehr umstellen, und das ist nicht einfach.

Die Mediziner werden sich von uns keine Hinweise geben lassen. Was kann man tun?
Das ist ja das Traurige dabei. Sie sind so in ihre Ansichten verbohrt, daß sie auf keine Belehrung reagieren, die nicht von den Universitäten stammt. Aber sie könnten von uns eine Menge lernen, wenn sie nur wollten. Ihr könnt wenig dazu tun. Der Tod ist für die Mediziner noch ein Geheimnis. Er ist okkult.

Warum sterben die meisten Menschen durch Krankheiten und unter großen Schmerzen, warum verlöschen sie nicht wie eine Kerze?
Es ist das Ziel Gottes, daß ein jeder solange lebt, bis er alt ist und erfüllt vom Leben friedlich einschläft. Doch leider kann Gott nicht immer alles verhindern. Er kann nur sein Bestes tun gemäß seiner eigenen Gesetze. Bedenkt, daß am Tode der Menschen zumeist der Mensch selbst die Schuld

trägt. Der Schmerz ist eine unbedingte Notwendigkeit für die Erhaltung des Lebens. Wäre es nicht so, würde der Mensch fahrlässig mit seinem Leben umgehen.

Für einen Sterbenden erhielten wir vom Jenseits den Rat, daß ihn die Ärzte schmerzfrei machen sollten. Kannst du uns erklären, was das zu bedeuten hatte?
Wenn ein Mensch mit großen Schmerzen stirbt, so leidet er auch noch ziemlich lange an diesen Schmerzen weiter, auch wenn er ‚tot' ist. Erst ganz allmählich klingen die Schmerzen ab. Darum ist es in allen Fällen besser, wenn man einen Sterbenden schmerzfrei macht, dann bleibt ihm diese Nachwirkung erspart.

Hat die Narkose einen Einfluß auf die Seele?
Eine Seele kann nicht narkotisiert werden, nur der Körper. Aber die Verbindung zwischen Körper und Seele wird durch die Narkose gestört. Bei schwierigen Operationen geht die Seele manchmal auf Reisen oder tritt aus dem Körper aus, um der Operation zuzusehen. Patienten behalten oft diese Erinnerung zurück.

Über Unfälle

Wie ist eure Meinung über einen Tod, der durch einen Unfall verursacht wird?
Das ist eine schwierige Frage, denn sie hängt davon ab, wie du das Wort ‚Unfall‘ auslegst. Meinst du damit das Einwirken eines blinden Zufalls, vollkommen ohne Motiv, das Resultat eines reinen Unglücksfalles oder eine Laune des Schicksals? Das alles kann ich nicht akzeptieren, denn ich weiß, daß das ganze Universum durch die natürlichen Gesetze von Ursache und Wirkung geregelt wird, die sich einander in unabänderlicher Reihenfolge ergänzen. Aber innerhalb des natürlichen Bereiches der natürlichen Gesetze existieren die Gesetze des freien Willens. Tatsächlich gibt es keinen reinen Zufall, denn der Zufall ist das Resultat eines vorhergegangenen Ereignisses. Er ist die Wirkung einer Ursache. Ein Unfall rührt von einem Umstand her, der aber auch von Gesetzen kontrolliert wird. Was du dir vor Augen halten mußt ist ein Universum von Gesetzen innerhalb von Gesetzen, von denen jedes die Kontrolle über gewisse Aspekte des Universums hat. Keines aber ist so starr, um nicht das Zusammenspiel der Kräfte zu erlauben. Es ist ähnlich der alten Frage: ‚Seid ihr Geschöpfe mit einem freien Willen, oder seid ihr auf die Vorbestimmung beschränkt?‘ Beide Seiten können begründet werden, denn in Wahrheit sind beide korrekt. Alles hängt von der Interpretation ab.

Während einer Sitzung hatten wir einmal Kontakt mit

einem Freund, den wir zu Lebzeiten kannten. Dieser Freund starb durch einen Bombensplitter, der ihn im Kopf traf. Nach dem Jenseitskontakt stellten wir fest, daß er noch nach mehreren Jahren an geistigen Störungen leidet. Was kannst du uns dazu sagen?
Während des Erdenlebens bedient sich die Seele des Gehirns. Gehirn und Seele stehen in einer Wechselbeziehung. Wenn nun das Gehirn plötzlich zerstört wird, so erleidet die Seele einen Schock, einen geistigen Schock. Dieser Schock muß erst ausgeheilt werden. Die Zeit der Heilung ist je nach der Art der Verletzung verschieden.

Sozusagen ein zeitlich begrenztes Irresein im Jenseits?
Ja, so kann man es nennen. Aber es gibt auch ein jenseitiges Irresein bei Selbstmördern und bei Rauschgiftsüchtigen. Ja, sogar Kettenraucher haben oft genug geistige Störungen, die sich im Jenseits besonders zeigen.

Wenn ein Mensch durch Unfall oder Katastrophe plötzlich ums Leben kommt, was geschieht dann mit seiner Seele?
Das richtet sich ganz nach der Art des Todes. Bei schweren Unfällen kann es vorkommen, daß die Seele vier Wochen lang schläft. Sie bleibt dann trotzdem in der Nähe des persönlichen Schutzpatrons, der auf die Seele aufpaßt. Eine Seele kann arg verletzt werden, doch sie fügt sich wieder zusammen und heilt aus. Der Schutzpatron steht daher zur Seite. Solche jenseitigen Heilungen dauern nach eurer Zeitrechnung etwa vier Monate bis zu drei Jahren.

Ist die menschliche Seele verletzbar?
Ja, sie ist empfindlich und daher auch verletzbar. Aber man kann die Seele infolge ihrer Unsterblichkeit niemals gänzlich auslöschen. In vielen Jahren setzen sich die Fragmente einer zerrissenen Seele langsam wieder zusammen. Aber jahrelang kann ein seelischer Schaden zurückbleiben.

Sind Unfälle durch das Geistige Reich vorbestimmt, oder können sie vorausgeschaut werden?
Unfälle sind niemals vorbestimmt. Allerdings können viele Unfälle im Geistigen Reich vorausgeschaut werden, wenn die Voraussetzungen dafür gegeben sind. Doch meistens ist der Unfall eine totale Überraschung. Alle Seelen, die durch Unfall zu uns kommen, kommen in eine Sondersphäre. Bei einem Unfalltod durch Verbrennen braucht eine Seele mehr Zeit, um sich zu sammeln. Wenn ein Mensch von einer Explosion oder von einer Granate zerrissen wird, so kann es Jahre dauern.

Was geschieht mit jenen Seelen, die durch die Folge eines plötzlichen Unfalls ins Geistige Reich gehen? Ihre irdische Entwicklung ist doch plötzlich abgebrochen.
Diese Seelen kommen in eine Sondersphäre. Aber diese Seelen werden auch viel eher reinkarniert. Es ist ein Irrtum zu glauben, es sei Gottes Wille, daß die Menschen durch einen Unfall sterben.

Was geschieht mit den Seelen, die in einem U-Boot in den Tiefen des Meeres sterben?

Das hat absolut nichts zu sagen. Der Mensch kann tief unten in der Erde in einem Bleibehälter umkommen. Auch in diesem Fall wäre die Seele sofort frei. Es gibt viele Seelen, die ganz normal ums Leben gekommen sind, trotzdem brauchen sie lange, ehe sie sich zurechtfinden. Dann waren es meistens Atheisten oder Materialisten.

Kann der persönliche Schutzpatron in solchen Fällen etwas ausrichten?
Ja, das ist eine große Hilfe. Aber viele sagen dann zu ihm: ‚Ich kenne dich nicht, was willst du von mir?'

Was geschieht mit solchen Seelen, die nicht frei werden?
Sie werden alle, alle frei. Die Freiheitsbeschränkung ist nur vorübergehend. Durch diese Umwege geht sehr viel Zeit verloren. Normalerweise verläßt die Seele blitzartig den Körper. Sie ist jedoch durch ein Band, die sogenannte Silberschnur, mit dem Körper verbunden. Dieses Band löst sich langsam auf. Es ist ein Odband. Materielles Beispiel ist die Nabelschnur.

In Amerika sind bei einem Raketenstart drei Astronauten durch plötzlichen Feuerausbruch ums Leben gekommen. Hat dieser schnelle Feuertod für die Seelen der Astronauten einen Nachteil gehabt?
Ein so plötzlicher Tod durch Feuergewalt hat keinen Einfluß auf die Trennung zwischen Körper und Seele. Der Mensch stirbt augenblicklich und sein Geist ist frei. Aber die Seele bekommt durch den entsetzlichen Tod einen

Schock, der erst ausgeheilt werden muß.

Welchen Einfluß hat das Feuer auf die Seelen?
Feuer hat mitunter einen sehr guten Einfluß. Es reinigt manches. Aber Feuer kann zum Beispiel bei einer Explosion die Seele auseinanderreißen. In allen Fällen findet die Seele immer wieder zusammen. Es ist allerdings eine Frage der Zeit. Eine Seele ist unzerstörbar, da sie göttlich ist. Würde eine Seele sterben, so träfe das auch für Gott zu. Aber in dem Augenblick gäbe es keine Schöpfung mehr, sondern nur noch ein großes Chaos. Gott hält alles geordnet zusammen.

Wie steht es mit der Seele gläubiger und guter Menschen, die plötzlich bei einer Explosion oder durch Feuer umkommen?
Diese Seelen erleiden auch einen Schaden. Da sie jedoch positiv und nicht eigensinnig eingestellt sind, bemühen sich viele jenseitige Freunde und geistige Helfer um diese kranken Seelen, so daß sie allmählich wieder gesunden.

Wie steht es mit den Seelen, die in Japan durch die Atombombe plötzlich aus dem Dasein gerissen wurden?
Für diese Seelen gibt es eine Sondersphäre. Diese Seelen wurden auseinandergerissen. Es braucht Jahre, bis sie wieder ausgeheilt sind und ihr volles Bewußtsein zurückerlangen. Es werden nur diese Seelen davon betroffen, die sich genau im Kern der Explosion befinden. Doch der Charakter, der sich entwickelt hat, bleibt erhalten. Ich

sagte schon, daß es sich nur um das Bewußtsein handelt, das gestört oder ausgelöscht wird. Es gibt Seelen, die derart zerrissen sind, daß sie sich manchmal in einem Zustand eines Nichtseins befinden. Das ist jedoch nur scheinbar so. Dieser Zustand kann lange anhalten, zum Beispiel Hunderte von Jahren, und nur eine Reinkarnation kann diesen Zustand ändern. Durch die Reinkarnation ist es möglich, daß die Seele die Einheit des Ichs wiederfindet. Die Seele, die ihr Bewußtsein verloren hat, weiß nichts von den ungeheuren Zeitspannen, die zwischen der Katastrophe, der Zerrissenheit und einer Wiedergeburt vergehen. Doch die Seelen sind unzerstörbar, denn eine seelische Zerrissenheit ist nur vorübergehend. Eine Seele kann nichts auslöschen, wenn sie einmal existiert. Darum kann auch Luzifer nicht ausgelöscht werden, auch wenn seine Seele noch so krank ist. Ebenso ist es unmöglich, Gott zu zerstören. Jeder seelische Schaden kann wieder gut gemacht werden. Die Seele bleibt auf alle Fälle unsterblich.

Diese Zerrissenheit betrifft hauptsächlich das Bewußtsein, die Erinnerung, die in Fragmente aufgeteilt ist. Doch die Reinkarnation hilft in den meisten Fällen, das Ich sofort wieder herzustellen, so daß sich der Mensch eine neue Erinnerung anschaffen kann. Menschen, die durch die Strahleneinwirkung von Atombomben getötet werden, können sich an nichts mehr erinnern. Doch wenn diese wieder durch eine Reinkarnation gegangen sind, so können sie sich wenigstens an ihr letztes Erdenleben erinnern, wenn sie wieder in das Geistige Reich kommen. Andere

Menschen haben demgegenüber eine größere Rückerinnerung, die vier bis fünf Inkarnationen umfaßt. Ihr seht also, wozu eine Reinkarnation gut sein kann. Eine Reinkarnation erfolgt in den meisten Fällen kurz darauf. Nur in Ausnahmefällen dauert es lange. Die menschliche Seele wird nur in einem menschlichen Körper reinkarniert. Die menschliche Seele hat nichts mit der Tierwelt oder der Pflanzenwelt zu tun! Das Universum ist unvorstellbar groß, und daher gibt es genug Möglichkeiten, eine Seele einzuverleiben. Alle Menschen haben im Universum etwas gemeinsam: Sie haben einen Kopf, zwei Arme und zwei Beine. Eine Ausnahme bilden in der Materie nur die Mißbildungen. Im Gegensatz zur Tier- und Pflanzenwelt kann der Mensch Betrachtungen über sich selbst und die Natur anstellen. Dabei stößt er ganz allein auf Gott, auch wenn er diese Feststellung nicht wahrhaben will. Es ist für jede menschliche Seele möglich, auch auf einem fernen Gestirn geboren zu werden, ebenso, wie es hier auf der Erde Menschen gibt, die einst auf einem anderen Stern ihr Zuhause hatten.

Über den Selbstmord

Wie denkst du über Selbstmord?
Ich kann keiner Seele raten, sich in einer Weise zu benehmen, die die Dinge schlechter als besser macht. Du kannst durch deine Selbstlösung deiner Existenz auf dieser Erde kein Ende setzen. Wenn du es tust, mußt du den vollen Preis dafür bezahlen. Das ist ein natürliches Gesetz. Es kann in deiner Welt keinen geben, dessen Skala so ungleichmäßig ausgewogen ist, daß er nicht die Kraft besitzen sollte, die Hindernisse auf seinem Wege zu überwinden. Ich gehe sogar so weit, daß die ihn begegnenden Hindernisse für die Entwicklung seines Charakters und seines Geistes durchaus nötig sind. Die Hindernisse werden dadurch nicht geringer, daß du deiner irdischen Existenz ein Ende zu machen suchst. Dies ist unmöglich, denn es ist gegen das Gesetz. Weder in der meinen noch in eurer Welt gibt es eine Flucht vor der göttlichen Gerechtigkeit. Die Gerechtigkeit ist unabänderlich, und ihr Urteil erreicht jeden nach dem Stande seines seelischen Wachstums.

Es gibt aber Situationen, die einen Menschen in eine Lage großer Ungerechtigkeit bringen. Wie urteilst du in solchen Fällen?
So etwas ist mir auch bekannt. Ihr, die ihr in der Welt des Stoffes lebt, greift euch manchmal an den Kopf, denn ihr versucht mit eurem unvollkommenen Wissen zu richten. Innerhalb gewisser Grenzen habt ihr einen freien Willen, und ihr wendet diesen auch an, aber niemand kann sich der

Wirkung der natürlichen Gesetze entziehen. Der einfache Abgang des Geistes aus der physikalischen Welt in die nächste Stufe des Lebens befreit die Seele nicht von ihrer eigenen Verantwortung. Ist das nicht klar? Wie wenig uns auch im Verhältnis zum unendlichen Wissen bekannt ist, so müssen wir, die wir etwas mehr wissen als ihr, euch doch durch dieses Wissen helfen.

Nach welchen Gesichtspunkten wird ein Selbstmord bei euch beurteilt?
Das kann nicht so ohne weiteres beantwortet werden. Es hängt ganz vom irdischen Leben ab, das gelebt wurde, aber auch von den Qualitäten, die entwickelt wurden und von dem Fortschritt, den die Seele machte. Vor allen Dingen entscheidet das Motiv. Die Kirchen sind vollkommen im Irrtum, wenn sie alle Selbstmorde in die gleiche Kategorie einteilen. Das ist nicht richtig. Obwohl ihr kein Recht besitzt, euer irdisches Leben zu verkürzen, gibt es unzweifelhaft Fälle und nicht abzuleugnende Tatsachen, das heißt mildernde Umstände, die selbstverständlich mit in Betracht gezogen werden müssen.

Gibt es Fälle oder Ausnahmen, wo durch einen Selbstmord eine Verbesserung erreicht wird?
Nein, niemals. Keine Seele verbessert sich dadurch, daß sie ihre irdische Existenz auslöscht. Trotzdem hat es nicht automatisch zur Folge, daß jeder Selbstmörder für alle Ewigkeit der dunkelsten der dunklen Sphären überliefert wird. Jeder Selbstmörder erleidet immer einen Rück-

schlag. Ich darf wohl sagen, daß die meisten Fälle als Auswege für Feiglinge bezeichnet werden können. Etwas anderes ist es mit den Besessenen, aber diese Fälle sind in der Minderheit. Anstatt der Verantwortung ins Auge zu schauen, wird nach einem Mittel gegriffen, das als leichter Ausweg aus den Schwierigkeiten erscheint. Man glaubt, alles in ein Dunkel hüllen zu können. Aber das Bewußtsein ist ein unsterblicher Faktor. Jeder muß Rechenschaft ablegen. Das ist ein unabänderliches Gesetz. Auch ein Selbstmord steht unter dem Gesetz von Ursache und Wirkung. Aber das Motiv spielt dabei eine große Rolle. Wir beurteilen alle Vergehen nach ihren Motiven.

Ist es wahr, daß jemand Selbstmord begeht, weil sein Nervensystem vollkommen erledigt ist, so daß ihm der Mut zum Weiterleben fehlt?
Ich will mich ganz vorsichtig ausdrücken, weil ich nicht wünsche, daß ihr glaubt, ich würde mit Selbstmördern sympathisieren, oder ich möchte jenen nur die kleinste Ermutigung dazu geben, die einen solchen Schritt beabsichtigen. Meine Antwort befaßt sich nur mit deiner Frage, daß ein Nervenzusammenbruch oft zur Ablehnung der Verantwortung führt. Sollte auf einer der vorangegangen Stufen das Individuum geäußert haben: ‚Ich habe Unrecht getan und will dafür einstehen. Ich will jede Bestrafung auf mich nehmen, die einen Menschen treffen kann und keinen Versuch unternehmen, vor dieser zurückzuweichen. Ich will meine Verpflichtungen erfüllen‘, dann würden die Sorgen im Keim erstickt werden. Das Individuum glaubt aber, Zeit

zu gewinnen, und das ist vielleicht gerade etwas, was noch mehr Schwierigkeiten heraufbeschwört. Anstatt die Schwierigkeiten aus dem Wege zu räumen, beginnen die Nerven nachzulassen, und der Geist verliert seine Spannkraft. Letzten Endes ist der Mensch dann so nervös, daß er kaum noch weiß, was er tut. Dasselbe trifft nicht nur für ein Einzelindividuum zu, sondern auch für die Verhaltensweise ganzer Völker. Man soll die Flinte nicht gleich ins Korn werfen.

Die Zahl der Selbstmörder hat erschreckend zugenommen. Wie urteilt ihr darüber?
Auf ihnen liegt trotzdem immer die Verantwortung für alles, auch wenn sie glauben, alles einfach durch den Freitod abschütteln zu können. An der Schuld selbst hat sich nichts geändert, aber es kommt noch der Freitod hinzu! Im Grunde handelt es sich meistens um eine Feigheit vor der Verantwortung und nicht, wie man annimmt, um einen Mut zum Lebensverzicht. Die Feigheit bildet ein Netz um sie, eine Tür fällt ins Schloß, eine Tür wurde geschlossen. Doch manchmal dauert es ungeheuer lange, bis diese Tür wieder geöffnet werden kann. Wie euch bereits bekannt ist, sage ich immer, daß das Motiv das Dominierende ist. Was war das Motiv zur Tat? War es eine Flucht aus einer peinlichen Situation? Dann war es kein Entrinnen! Es gibt einige Fälle, wenige Fälle als Motiv, wo die Person wünscht, sich selbst aus dem Weg zu räumen. Sie sieht darin die einzige Lösung, und es besteht kein Selbstinteresse, sondern Uneigennützigkeit, wenn diese auch irregeleitet ist.

Trotzdem macht das den Unterschied aus.

Es gibt Menschen, welche einem anderen ihren Selbstmord androhen, wenn ihre Wünsche nicht erfüllt werden. Wie soll man sich in solchen Fällen verhalten?
Hierbei handelt es sich um ein äußerst negatives Denken, denn jene, welche den Selbstmord auch nur erwähnen, auch ohne daß sie ihn beabsichtigen, beleidigen Gott in schlimmster Weise. Auf diese Drohung soll niemand reagieren, sondern ihn auf die Blasphemie aufmerksam machen. Sollte aber wirklich ein Unglück eintreten, so ist jener nicht belastet, der auf die Gotteslästerung hingewiesen hat. Jedes Leben ist ein Geschenk Gottes, und nur Gott darf es zurücknehmen. Das geschieht auf Grund der natürlichen Gesetze. Es ist erstaunlich, wieviele junge Menschen kein Wissen über das Weiterleben nach dem Tod, nach der Entkörperung haben. Es ist eine Flucht aus dem Leben, weil sie dahin zurückwollen, wo sie angeblich hergekommen sind. Sie glauben, daß es das Nichts ist. Aber hier liegt der Irrtum, denn sie gehen dahin zurück, wo sie tatsächlich hergekommen sind, nämlich ins Geistige Reich! Es ist jedoch sehr negativ, wenn sie den Selbstmord ankündigen und damit drohen, um etwas zu erzwingen. Das Erwachen im Jenseits ist dann ein Schock. Die Kirchenreligionen drohen mit einer ‚heissen Hölle', an die nicht geglaubt wird. Würden die Kirchen die Hölle besser und wahrhaftiger schildern, würden die Selbstmorde zurückgehen. So lange das nicht der Fall ist, ist jede Hilfe vergebens.

Viele Leute glauben, daß sie alleine sind, weil sich niemand um sie kümmert. Aus diesem Grunde kommt es zu Depressionen, die manchmal zum Selbstmord führen. Was könnt ihr dazu sagen?
Leider wissen diese Menschen nichts von einem Leben nach dem Tode. Ein Erdenmensch ist niemals allein, nicht eine Sekunde. Er wird immer vom jenseitigen Schutzpatron begleitet, der sich aber vertreten lassen kann. Doch wenn man um diese Dinge weiß, kommt es zu einer inneren Verbundenheit mit uns, die von sehr großem Nutzen sein kann. Ein Selbstmord beendet niemals die Sorgen. Im Gegenteil, sie fangen erst richtig an, weil dann der Mensch im Jenseits erkennt, was er abgelehnt hat.

Welche Motive kommen für einen Freitod am häufigsten vor?
Die Motive werden von euch meistens verkannt. Am häufigsten spielt der Haß oder die Rache eine bedeutende Rolle. Daraus erklärt sich auch die Art des Todes. Nehmen wir folgendes Beispiel: Ein junger Mann fühlt sich von seiner Heißgeliebten hintergangen und betrogen. Es kommt zu keiner Versöhnung. Jetzt gewinnt das Negative die Oberhand. Der Betrogene sinnt auf Rache und glaubt in seiner unobjektiven Negativität, daß er seine lieblose Freundin schwer treffen kann, wenn er sich selbst auf grausame Art und Weise tötet. Sie soll ihr ganzes Leben lang an diesen Tod denken, den sie seiner Meinung nach verschuldet hat. Die Schuld am Selbstmord wird von ihm abgelehnt und auf den anderen geladen. Hier kommt das Motiv deut-

lich zum Vorschein. Aber wir haben noch nicht gehört, daß man auf Erden so geurteilt hat. Natürlich gibt es auch andere Fälle. Aber in allen Fällen spielt die Unwissenheit und Glaubenslosigkeit eine große Rolle. Die Selbstmörder glauben nämlich, wie fast alle Menschen, daß mit dem Tode das Bewußtsein ausgelöscht wird, und gerade das Gegenteil ist der Fall. Das persönliche Bewußtsein eines jeden Menschen bekommt mit der Entkörperung einen ziemlichen Auftrieb. Täglich kommen viele Menschen durch Selbstmord in das Geistige Reich. Alle sind bedauernswert, weil sie meistens Opfer einer Unwissenheit sind. Selbst die Kirchen sind nicht fähig, diesen Menschen richtig zu erklären, was sie eigentlich erwartet. Und wenn jemand solche Warnungen erteilt, so ist er nicht imstande, seinen Ausführungen die notwendige Glaubwürdigkeit zu verleihen. Ein Selbstmörder verbessert keineswegs seine Lage. Im Geistigen Reich gibt es eine absolut zuverlässige Gerechtigkeit, ihr kann niemand ausweichen.

Es gibt Menschen, die der Meinung sind, daß sie einer unangenehmen Situation ausweichen können, indem sie sich das Leben nehmen. Sag du uns bitte was dazu?
Es ist ein großer Irrtum, wenn man glaubt, dem irdischen Leid entfliehen zu können, indem man sich selbst entkörpert, also tötet. Die Folge ist ein unaussprechliches Leid in einer anderen Dimension, also im Jenseits. Wenn ich von Leid spreche, so meine ich nicht die vielen Krankheiten, die meist aus der negativen Region kommen oder selbstverschuldet sind, sondern das Leid, das die Seele

bewegt, zum Beispiel, wenn man das Liebste verliert. Da die Menschen aber den Besitz, die Macht und den Ruhm am meisten lieben, diese Dinge aber hinter sich lassen müssen, so ist ihr Leid entsprechend groß. Dieses Leid läßt sich aber durchaus vermeiden. Der Mensch kann in einen Zustand geraten, daß er keinen logischen Gedanken mehr fassen kann. Das trifft zum Beispiel beim Haß zu. Seine Handlungsweise kann man dann als wahnsinnig bezeichnen. Nur in einer solchen Verfassung kann der Mensch sich töten. Oft wollen solche Selbstmörder eine Märtyrerrolle spielen, weil sie glauben, damit besonders aufzufallen. Ihr Gedanke dabei ist: ‚Euch werde ich es schon zeigen!' Es gibt keine Situation, die nicht zu meistern wäre, wenn das Wissen zu höherer Erkenntnis vorhanden ist. Unglaube führt zu Unsicherheit und jene, die sich das Leben nehmen, ahnen nicht, daß sie den Konsequenzen damit nicht aus dem Wege gehen können. Meistens kommen diese Menschen vom Regen in die Traufe. Ich zum Beispiel lernte die Vollkommenheit des natürlichen Gesetzes zu respektieren. Mein ergebenes, unerschütterliches Vertrauen ruht in der Macht, die das ganze Universum formte, dessen Verlauf bestimmt, seine Entwicklung vorbestimmt und jede Aktivität reguliert. Noch nie bemerkte ich, daß ein Naturgesetz versagt hätte, daß es ungerecht oder ungenau sei. Niemals sah ich, daß sich die göttliche Gerechtigkeit irrte. Aufgrund dessen, was ich gesehen habe, kann ich euch sagen, daß nie eine Veranlassung zu solchen Schritten vorliegen kann. Keiner Seele wird mehr aufgeladen, als sie zu tragen imstande wäre.

Es gibt aber Fälle, wo der Mensch seine Schmerzen nicht mehr ertragen kann und sich den Tod wünscht, ganz gleich, ob es körperliche oder seelische Schmerzen sind.
Ihr irrt euch. Wenn die Schmerzen unerträglich werden, erfolgt eine Ohnmacht oder der Tod. Niemals kann das Maß des erträglichen überschritten werden. Diese Menschen, welche auf solch eine Weise ins Geistige Reich kommen, werden in eine Genesungssphäre gebracht, wo sie geheilt werden. Ich bemühe mich, die unkomplizierten Wahrheiten des Gesetzes zu erklären. Wenn ihr mit diesen einfachen Wahrheiten ausgerüstet seid, könnt ihr alles gelassen ertragen. Was euch fehlt, ist die Gelassenheit. Wenn die Menschen auf Erden mehr Gelassenheit üben würden, gäbe es keine Kriege mehr.

Eine Mutter, deren Sohn zum Mörder wurde, hatte gesagt: ‚Ich habe gehofft, daß mein Sohn sich nach dieser Tat selbst richtet‘. Es war dabei an Selbstmord gedacht. Was sagt ihr zu dieser Einstellung?
Das war ihr tiefer Wunsch wegen der Scham. Aber ihr Gedanke ist nicht positiv. Sie hatte von der Tat und von der Sünde eine völlig falsche Auffassung. Sie glaubt, und das glauben ja so viele, der Freitod rette vor der Strafe. Sie glauben, daß sie allem entgehen können und keine Spur von ihnen übrig bleibt. Das ist der wahre Grund, warum so viele den Freitod wählen. Sie können sich nicht damit abfinden, daß sie für nichts da sind, also im Leben keine Aufgabe haben.

Christliche Priester und Pfarrer zeigen gegenüber Selbstmördern und deren Verwandten eine geradezu feindliche Haltung. Wie urteilt ihr über dieses Verhalten?
Das göttliche Gesetz bindet den Menschen, je nach seiner eigenen Entwicklung, an eine ganz bestimmte Sphäre. Durch Selbstmord kann sich der Mensch nur nach unten einstufen, niemals nach oben. Hinsichtlich des Todes sind die Kirchen geradezu strafbar unwissend. Das Weiterleben nach dem Tod ist keine Utopie. Das Unrecht und die Lüge haben kein Recht auf Toleranz. Das trifft auch für die Priester zu, denn diese stehen unter der göttlichen Anklage der fahrlässigen Tötung, weil sie die Menschen bewußt durch Dogmen irreführen. Die Bibel lügt, wenn sie sagt, daß Gleiches mit Gleichem vergolten werden muß. Das Gesetz Gottes sagt jedoch: Hilf dem anderen durch Gebet, aber lasse dich nicht hinunterziehen, indem du Mitleid hast für jene, welche genau wissen, was sie tun. Der Wunsch ‚Herr vernichte unsere Feinde' ist ein Bumerang.

Werden auch Selbstmörder auf der Erde wiedergeboren?
Es gibt keine ewige Verdammnis, denn jede Seele hat die Möglichkeit, den Weg zu suchen, der zu Gott führt. Auch der Selbstmörder kann begnadigt werden. Die Motive, die zum Freitod geführt haben, sind ausschlaggebend für die Beurteilung. Viel schlimmer ist es mit den Mördern anderer Menschen, sie können in sehr schwierige Situationen kommen, ja, auf einen völlig unterentwickelten Stern verbannt werden. Aber auch die Anstifter solcher Verbrechen werden genauso behandelt.

Kann man der Seele eines Selbstmörders helfen? Dürfen wir uns darum bemühen?
Ja, indem ihr sie nicht verdammt, sondern sie zu verstehen versucht. Ein Gebet ist in solchen Fällen sehr wohltuend, denn dadurch bekommt die Seele neuen Mut. Die Schwingungen des Gebetes machen die Seele freier und fester. Es gibt Selbstmörder, die jetzt zu den Engeln zählen, denn sie versagten, weil sie zweifelten und eine Unweisheit des Glaubens hatten. Nun, wo ihre Verzweiflung behoben ist, kommen sie auch auf dem Wege des Glaubens weiter.

Kommen Selbstmörder in den Sphären sehr schwer zu höheren Erkenntnissen?
Selbstmörder kommen am schnellsten zu einer positiven Erkenntnis, weil sie sofort erkennen, daß sie sich nicht töten konnten. Oft probieren sie es noch einmal, natürlich sinnlos, ohne jeden Erfolg. Doch die Schuld muß gesühnt werden!

Über die Sterbehilfe

Darf der Mensch in die Gesetze der Natur eingreifen?
Der Mensch hat Freiheiten, er kann selbst entscheiden. Aber der Mensch kann Gott unterstützen, wenn es sich um Dinge handelt, die vom Widersacher inszeniert werden. Gott ist gegen das Leiden. Der Widersacher ist für das Leiden.

In den meisten Fällen machen die Menschen Gott für ihre schweren Leiden verantwortlich oder sie sagen, es gibt ihn nicht, weil es so qualvolle Leiden gibt. Was sagst du dazu?
Über viele Generationen hinweg ist das Erbgut des Menschen schwer geschädigt worden. Die Ursachen bestehen in einer ausschweifenden Lebensweise und in Übertreibungen aller Art. Heutzutage kommt noch die Umweltverschmutzung hinzu. Die Luft wird verpestet, das Wasser wird verseucht und der Müll häuft sich. Das alles führt zu krankhaften Veränderungen. Schließlich wird der Mensch krank und muß oft qualvoll sterben. Selbstverständlich gibt es eine Grenze, wo der Mensch entscheiden kann, ob es überhaupt noch einen Sinn hat, ein Leben zu erhalten. In diesen Fällen ist der Mensch im Geistigen Reich besser aufgehoben. Aber wer glaubt schon daran? Die Angst vor dem Sterben ist ein Irrtum. Allerdings muß der Mensch ein einigermaßen gutes Gewissen haben.

Darf der Mensch in schweren, unrettbaren Fällen die Euthanasie anwenden oder nicht? Also töten?

Diese Frage hat nichts mit Euthanasie zu tun! Denn Euthanasie heißt Sterbeerleichterung, also nicht töten! Grundsätzlich darf der Mensch keinen anderen töten, auch nicht, wenn er unrettbar dem Tode preisgegeben ist. Aber der Mensch kann und darf Sterbeerleichterung geben! Er kann Mittel anwenden, die zwar nicht heilen, aber weitgehend die Schmerzen lindern. Er soll auch dem Sterbenden einen Raum anbieten, der menschenwürdig ist, keinen Baderaum oder WC. Der Tod ist ein Naturgesetz. Solche gewaltigen Naturgesetze dürfen nicht verletzt werden, auch nicht in einem Krieg. Jede Diskussion ist überflüssig, wenn es sich um das Töten von Menschen handelt. Auch die Todesstrafe ist naturwidrig, sie darf nicht sein. Aber ein Schwerverbrecher sollte selbstverständlich von der übrigen Welt isoliert werden. Doch selten wird sich ein Verbrecher ändern, weil er keine Möglichkeit hat, die Wahrheit über sich selbst zu erfahren, auch wenn ihn der Gefängnispfarrer noch so häufig besucht. Sie gelten in den meisten Fällen doch nur als Quatschköpfe. Gott ist das Leben und nicht der Tod, den es in Wirklichkeit gar nicht gibt. Wenn ein Mensch sterben muß, so tritt das hierfür zuständige Naturgesetz in Kraft. Man braucht diese Gesetze nicht herbeizurufen, sie kommen von selbst. Aber der Mensch ist in der Lage, einen Sterbenden zu narkotisieren. Das ist Euthanasie, gegen die nichts einzuwenden ist.

Doch das Sterben der Millionen auf den Schlachtfeldern, die skrupellos hingemordet werden, dagegen wäre das Töten eines Todkranken eine Barmherzigkeit. Doch das ist unmöglich, weil der Mensch zum Verbrechen neigt, wenn es um Gewinn oder Ruhm geht. Man soll auch keinen Menschen vegetativ am Leben erhalten. Wozu?

Was soll man tun, wenn ein Mensch im Sterben liegt und große Schmerzen hat. Soll man ihm Sterbehilfe zukommmen lassen?
Eine Sterbehilfe besteht nicht darin, daß man einen Sterbenden umbringt. Aber auf alle Fälle soll man nicht sinnlos mit ihm herumexperimentieren, ihn quälen oder zusätzliche Schmerzen zu seinem Hinscheiden hinzufügen. Man soll ihn auch nicht zurückholen, wenn er bereits auf dem Weg nach Drüben ist. Ihr macht euch keine Vorstellungen von dem, was von unserer Seite unternommen wird, den Sterbenden in Empfang zu nehmen. Das alles wird durch Dummheit zerstört und schwierig gemacht.

Wenn der Schmerz nötig und wichtig für die Entwicklung ist, warum betont ihr da so nachdrücklich, daß alles getan werden muß, um dieses zu lindern?
Ich tue das wohl, aber ich bin nicht einfältig genug, um anzusehen, daß ihr eine Welt habt, in der es kein Leid irgendwelcher Art gibt. Das Leben hängt mit den Signalen des Schmerzes eng zusammen. Ich weiß, das Leben ist unendlich und individuell. Um nun alle Stufen des Vorrückens erreichen zu können, müßt ihr euch ständig entfalten und dies bedeutet, daß ihr das, was noch nicht vollkommen ist, nach und nach zur Vollkommenheit bringen müßt. Das wird ein sehr schmerzlicher Prozeß sein. Zur gleichen Zeit möchte ich aber sagen, daß ich sehr viel unnötiges Leid er-

kenne, das ihr selbst verschuldet habt. Das Leid, das ihr euch selbst oder gegenseitig zufügt, ist meistens durch Unwissenheit, Eigensinn, Unglauben, Dummheit, durch Vorurteil oder Aberglauben entstanden. Dieses unnötige Leid gehört nicht zur Entwicklung und muß abgeschafft werden. Jeder Mensch hat die hohe Aufgabe, sich dem Licht zuzuwenden. Und es gibt ein geistiges Licht!

Sollen die Ärzte alte, gebrechliche Menschen oder aussichtslos Kranke künstlich am Leben erhalten, obgleich sie wissen, daß sie nur noch ein paar Tage zu leben haben?
Wir lehnen es ab, denn diesen Menschen werden doch nur Schmerzen zugefügt. Rettung gibt es in den Fällen nicht mehr, doch ihr Sterben wird erschwert.

Kannst du uns etwas zum Problem der Sterbehilfe sagen?
Die beste Sterbehilfe besteht darin, daß man den Sterbenden in Ruhe läßt und nicht versucht, seinen Sterbeprozeß zu stören oder zu verlängern. Das ist gegen die göttlichen Naturgesetze. Jedes Sterben braucht eine gewisse Vorbereitung auf das Leben nach dem Tode. Die unglaubliche Unwissenheit auf diesem Gebiet ist ein großer Fehler, wie man sie sich nicht vorstellen kann. Im Geistigen Reich gibt es selbstverständlich Sphären, in denen sich die kranken Seelen erholen können. Aber das wäre überflüssig, wenn die Menschen auf Erden nicht soviel Unsinn anstellen würden!

Über die Bestattung

Sind euch Fälle bekannt, daß verstorbene Menschen zu früh beerdigt oder verbrannt worden sind, das heißt, noch bevor die Silberschnur vom Körper restlos getrennt ist?
Normalerweise reicht die Zeit bis zur Bestattung oder Verbrennung durchaus aus. Einen Unterschied gibt es nur bei sehr materiell und atheistisch eingestellten Seelen. Diese lösen sich viel schwerer vom Körper als jene, die im Glauben an Gott sterben. Für die Atheisten und Materialisten läßt sich keine Zeit angeben, sie ist stets nach dem Grad ihrer Einstellung verschieden.

Noch immer scheuen viele Menschen die Feuerbestattung. Gibt es einen Grund für diese Ablehnung?
Überhaupt nicht. Sobald der Geist den Körper verlassen hat, ist der Körper für die Seele absolut uninteressant.

Was ist empfehlenswerter: Eine Verbrennung oder eine Erdbestattung?
Die Verbrennung ist wesentlich besser als eine Erdbestattung. Das Feuer reinigt alle negativen Strahlungen, die oft noch nach dem Tod bestehen. Am Geistkörper ändert sich nichts. Das Bewußtsein und die Erinnerung leiden nicht unter der Einäscherung. Doch der Heimgekehrte hat keine Beziehungen zu seinem ehemaligen Körper. Bei einer Erdbestattung fühlt sich der Geist oft sehr bedrückt bei dem Gedanken, daß sein Körper in der Erde langsam verfault. Bei einer Feuerbestattung muß eine Frist von mindestens

drei Tagen eingehalten werden, damit sich alle geistigen Verbindungen vom Körper lösen können. Der zurückgelassene Körper ist für jeden Jenseitigen ohne Bedeutung. Es kommt sehr häufig vor, daß Seelen erkranken, weil der Tote zu früh dem Feuer übergeben worden ist. Durch das gewaltsame Herausreißen wird die Seele beschädigt. Es dauert dann lange, bis sie wieder geheilt ist. Ich begrüße sogar eine Feuerbestattung, weil die reinigende Flamme den letzten Ritus für einen Körper bedeutet, dessen Tagewerk getan ist. Der Geist, der die Verbindung herstellte, ist nicht länger von ihm abhängig. Die Feuerbestattung hilft sogar jenen, die in unsere Welt mit wenig Wissen eintreten und die daher ständig von Friedhöfen angezogen werden, weil die gefühlsmäßige Verehrung derer, die sie lieben, dort ihren Ausdruck findet und sie dorthin ziehen.
Im Grunde genommen bewirkt sie ja, daß dem Gedanken ein Ende gesetzt wird, daß der Geist noch im physikalischen Körper sei. Wenn der physikalische Körper seinen Zweck erfüllt hat, ist kein Grund vorhanden, Versuche zu unternehmen, um die Erinnerung an ihn fortleben zu lassen, die ja nur Traurigkeit und Sorgen bringen. Dem Körper wird viel zu viel Aufmerksamkeit gewidmet, der doch nur zu dem Element zurückkehrt, aus dem er gemacht wurde. Er hat seine Aufgabe erfüllt und der Geist geht nun in ein Land der größeren Freiheiten.

Welcher Art sind die Nachteile, wenn sich die Seele noch nicht ganz vom Körper getrennt hat?
Die Seele wird dann von einer Art Krankheit befallen, die

erst ausgeheilt werden muß. Aber es ist nicht nur die geistige Nabelschnur, die in Betracht kommt. Neben dieser Silberschnur, wie ihr sie nennt, gibt es noch viele andere Strahlenverbindungen immaterieller Art. Auch diese Verbindungen lösen sich beim Atheisten langsamer. Im Winter ist die Loslösung etwas langsamer als an warmen Tagen.

Hat eine Feuerbestattung auf die entkörperte Seele einen Einfluß? Die katholische Kirche ist dagegen.
Das Feuer ist reinigend. Das Element Feuer ist überhaupt etwas Reinigendes. Schon aus diesem Grunde ist gegen eine Feuerbestattung nichts einzuwenden. Wenn die katholische Kirche dagegen ist, so beruht das darauf, daß sie dabei an das Dogma vom Fegefeuer denkt. Doch das sogenannte Fegefeuer oder die Hölle haben nichts mit dem Element Feuer zu tun. Wir können eine Feuerbestattung nur befürworten. Ein Gräberfriedhof ist nicht erhebend.

Was geschieht mit einer Seele, deren Leib durch Krebs oder Operation lebensunfähig geworden ist und dann bald nach dem Tode seziert wird?
Auch diese Seelen erleiden einen seelischen Schaden, wenn der Körper gleich nach dem Tode zerschnitten wird. Das kommt besonders bei einer gerichtlichen Autopsie vor, weil man die Folgen nicht kennt. Doch jede Seele wird wieder gesund. Operationen mit Betäubung sind weniger gefährlich für die Seele. Doch wenn der Patient bei Bewußtsein bleibt, also nur örtlich betäubt wird, so erleidet die Seele einen Schaden.

Von diesen schwerwiegenden Fragen und Gefahren hat die Wissenschaft überhaupt keine Ahnung. Was kann man dazu sagen?

Das ist ja die entsetzliche Tragödie, daß die Wissenschaft alle spirituellen Offenbarungen ablehnt und für Unsinn betrachtet. Aber das Geistige Reich läßt nicht locker, sich mit euch vernünftig zu verständigen.

Sonstige Fragen

Ist es richtig, wenn man Menschen, die schon im Sterben liegen, durch ärztliche Kunst und mittels Maschinen länger am Leben erhält? Wir meinen, daß man sie länger am Leben erhält, als ihnen vielleicht vorbestimmt ist?
Den Ärzten fehlt ein Gefühl dafür, ob es sich in jenen Fällen um eine inspirierte Hilfe Gottes handelt oder ob dieses Experiment nur der ärztlichen Kunst dient. Durch den auf den Universitäten üblichen Atheismus beeinflußt, kennen sich die Ärzte hierin überhaupt nicht mehr aus. In den meisten Fällen werden die Todeskandidaten auf diese Weise nicht mehr gerettet.

Es gibt Fälle, wo die Menschen unfähig sind, sich ihrer Umwelt mitzuteilen. Sie sind praktisch scheintot und werden künstlich ernährt. Kein Arzt kann sagen, ob sie noch einmal zu vollem Bewußtsein kommen. Handelt es sich hierbei um ein vegetatives Leben ohne Bewußtsein?
Viele dieser Kranken erkennen ihre Umwelt nicht. Aber trotzdem haben sie noch ein Bewußtsein, das aber nicht fähig ist, ihren körperlichen Zustand zu erfassen. Aber diese Menschen haben trotzdem seelische beziehungsweise traumhafte Erlebnisse. Das Gehirn erzeugt nur ganz schwache Bewußtseinswellen, kaum meßbar. Ein solcher Zustand hat nur Aussicht auf Besserung, wenn andere Gehirnnerven die Tätigkeit der gestörten oder unterbrochenen Nerven übernehmen.

Gibt es wirklich ein vegetatives Leben, also einen entseelten Körper, der noch weiter am Leben gehalten wird?
Ja, das gibt es. Aber diese entseelten Körper haben nur eine begrenzte Lebensdauer. Die Wissenschaft macht den großen Fehler, daß sie nicht mit Gott zusammenarbeitet!

Es gibt bewußtlose Menschen, die jahrelang am Leben erhalten werden, ohne daß sie wieder zum Bewußtsein erwachen. Was geschieht mit den Seelen jener Patienten?
Solche Körper haben Reflexbewegungen, das heißt, sie haben ein vegetatives Leben, aber ohne Seele. Eine solche Seele kann bereits in einem neuen Körper reinkarniert sein. Selbst wenn ein solcher Patient erwacht, kann es den Anschein haben, daß es sich immer noch um denselben Menschen handelt. Aber das muß nicht so sein. Es kann eine andere Person darin Platz genommen haben, die eine gewisse Ähnlichkeit hinsichtlich der Bewußtseinsfunktionen hat. Wenn es aber der neuen Seele gelingt, sich auf die Frequenz der Vorseele zu schalten, steht ihr das Bewußtsein der Vorseele zur Verfügung. Ebenso können aber auch Schaltschwierigkeiten auftreten. Dann spricht man von Bewußtseinslücken oder vom Wahnsinn. Es ist nur die Sache der richtigen Frequenzübernahme des Bewußtseins, denn alle Erinnerungen liegen im Kosmos. Dann kann eine andere Seele durchaus die ganze Erfahrung der anderen Seele übernehmen. Doch nach einiger Zeit wird das eigene Ich zum Durchbruch kommen. Was möglich ist, davon macht der Mensch auch Gebrauch. Solche Fälle sind möglich. Mal macht sie die Seele frei und gibt einer anderen

Seele Raum. Das ist möglich, weil der Körper lebt. Ein toter Körper kann nicht mehr benutzt werden. Leben und Bewußtsein sind zwei verschiedene Faktoren. Im selben Augenblick, wo sich eine Seele vom Körper löst, kann eine andere Seele Besitz ergreifen, wenn der Körper lebensfähig ist. Doch nur äußerst labile Seelen lösen sich in solchen Fällen vom Körper. Es gibt Seelen, die jede Gelegenheit benutzen, um in einen irdischen Körper zu kommen. Sie tun das vor der Geburt und auch bei erwachsenen Körpern. Es gibt eine Flucht aus dem Jenseits. In solchen Fällen wird allerdings mächtig aufgepaßt, denn manch eine Seele versucht in einen Körper zu kommen, von dem sie sich erhofft, daß sie im ausgewachsenem Zustand bessere Möglichkeiten und Vorteile hat.

Ärzte wollen in Zukunft auch Menschen lebend einfrieren. Nach Jahren will man diese dann auftauen, so daß sie weiterleben.
Wissenschaftlich, das heißt naturgesetzlich, ist es durchaus möglich, daß man vegetatives Leben durch Einfrieren konservieren kann. Aber den Geist, beziehungsweise das Bewußtsein, mit einem Wort die Seele, kann man durch das Einfrieren nicht konservieren. Sie würde den Körper sofort verlassen. Beim Auftauen wäre der Körper vegetativ lebendig, aber er wäre ohne Seele.

Wie ist es bei einer Notwehr mit dem Töten, wenn die Gefahr besteht, selbst getötet zu werden?
Da ist der Fall anders. Es kommt darauf an, ob derjenige,

der angegriffen wird, den Menschen liebt oder haßt. Das können wir beurteilen, weil wir ihn gut kennen, sein Herz, seine Liebe, seinen Charakter. Achtet gut darauf, daß das Gesetz ‚Auge um Auge, Zahn um Zahn' nichtig ist. Ein solches Gesetz gibt es in Gottes Reich nicht, aber ein Verzeihen und kein Vergelten.

Was sagt die Geistige Welt über die irdischen Todesurteile?
Gefährlich ist der Buchstabe des Gesetzes. Gefährlich ist auch die Unwissenheit der Richter und Geschworenen. Sie wissen nichts von den Gesetzen einer anderen Welt und Daseinsform. Darum bemühen wir uns trotz gewaltiger Schwierigkeiten, euer Wissen und euer Gewissen zu bereichern. Doch verschiedene Wissenschaftler und andere Akademiker können nicht ertragen, daß ein noch höheres Wissen über ein Medium zu euch kommt.

Haben Menschen das Recht, über einen anderen Menschen die Todesstrafe zu verhängen?
Nein. Wir lehnen die Todesstrafe grundsätzlich ab, sogar für jedes Vergehen. Gott allein richtet, kein Mensch kann sich dieses Recht anmaßen.

Ist die Schuld für den Richter größer als für den Verurteilten?
Der Richter ist unwissend, damit entschuldigt er sich. Doch muß er seine Schuld vor Gott und vor sich selbst rechtfertigen, aber gewöhnlich erst dann, wenn er von der Erde abdanken muß.

Könnt ihr uns etwas über den Tod des Papstes Johannes dem XXIII sagen? Wie wurde er bei euch aufgenommen?
Durch die dogmatische Haltung der katholischen Kirche ist der Tod des Johannes dem XXIII nicht leicht gewesen. Man ließ ihn nicht in Ruhe sterben, sondern man hinderte ihn dauernd daran. Bei uns wurde er als gläubiger Christ aufgenommen! Fehler haben wir alle und müssen sie ablegen. Was also wird der Papst hier bei uns tun? Er wird die Fehler nach und nach erkennen und auch ablegen. Wenn er so weit ist, wird er eine neue Mission übernehmen. Auf alle Fälle wird er danach trachten, vorwärtszukommen. Ich sage euch, Papst Johannes der XXIII. hat in seinem letzten Erdenleben mehr abgebüßt, als er verschuldet hat. Wir werden ihm auf alle Fälle gerne helfen. Auf Erden ist es so, daß kein Papst aus seinen dogmatischen Fesseln heraus kann. Bei der Wahl achtet man schon darauf, daß er in dieser Hinsicht kein Revolutionär ist.

Nach dem Tode von Albert Schweitzer gab es ein Für und ein Wider. Wie beurteilt ihr diesen Menschen?
Dieser Geist befindet sich in einer sehr hohen Sphäre, denn er hat sehr viel für seine Mitmenschen getan. Es ist selbstverständlich, daß solche Seelen ein Recht darauf haben, einen so hohen Platz einzunehmen. Wenn man etwas gegen ihn vorgebracht hat, so ist das ein großes Unrecht. Für Albert Schweitzer waren alle Menschen Menschen!

Wie kann man den Mitmenschen am besten über das Mysterium des Sterbens aufklären?

Die meisten Menschen wissen wohl, was auf Erden vorgeht, in der Politik, Technik usw.. Aber was im ganzen Universum eigentlich vorgeht, wissen sie leider nicht. Sie wissen höchstens, daß die Sonne Protuberanzen zeigt oder beobachten ähnliche Vorgänge. Was der Mensch mit seinen normalen Sinnen nicht erfassen kann, das kann ihm medial offenbart werden. Doch der Mensch lehnt diese Belehrung ab. Zu diesen Belehrungen aus dem Universum gehört mit an erster Stelle das Mysterium des Sterbens. Es ist nicht allein eure Aufgabe, hierüber zu berichten, sondern diese Aufgabe kommt dem Geistigen Reich zu, das sich alle Mühe gibt, alles zu beweisen. Doch ihr sollt diese Belehrungen annehmen. Ihr sollt nicht dagegen streiten und diese medialen Offenbarungen verhindern. Daher habt ihr hauptsächlich die Aufgabe, eure Mitmenschen mit der Möglichkeit einer überirdischen Verständigung vertraut zu machen. Belehrt sie über die Tatsache einer medialen Verständigung mit dem Jenseits. Alle anderen Probleme werden sich von selbst lösen und entspannen, wenn mehr Menschen als bisher von dieser wichtigen Wahrheit überzeugt werden.

Möchtest du uns zu dem Thema Sterben noch etwas sagen?
Möge der Segen Gottes bei uns sein. Jetzt und immerdar. Ihr wißt, durch das Leben, das ihr jetzt hier führt, werdet ihr drüben in die entsprechende Sphäre eingehen. Ihr alle wollt das Höchste erringen. Zunächst sind es die irdischen Dinge, nach denen ihr strebt, denn das Wissen um die höheren Wahrheiten und Weisheiten sind euch als Kind

noch nicht offenbar. Das liegt nicht an euch, denn Suchende sind wir alle von klein an. Aber es liegt an der Unwissenheit eurer Lehrer und Erzieher und Eltern, daß ihr nicht erfahrt, was euch als erstes hätte beigebracht werden müssen, warum ihr hier auf der Erde lebt und warum der Tod die Menschen trifft. Aber euch wurde dies unmöglich gemacht durch die Unwissenheit und Unvernunft jener, welche die Verantwortung der Belehrung übernommen hatten und ihre Pflichten nicht erfüllten.
Sie haben nicht Gottes Wahrheit gebracht, sie haben die Weisheit aus den Büchern, aus den Hörsälen der Universitäten geholt. Sie haben nicht Gott gefragt: ‚Ist es die rechte Lehre, die diese bringen?' Wir wissen aus der Geschichte des Universums und der Erde von den untergegangenen Welten, von den großen Geschehnissen, die sich ereignen mußten, weil der Vater seine Kinder liebt. Sie hatten die Gesetze in den Schmutz getreten. Die irdischen Dinge waren ihnen lieber. Ist es die Kraft Gottes, die alles schafft, oder ist sie aus dem Gehirn des Menschen? Gott wird uns zeigen, wer stärker ist, wenn der Wissenschaftler vor den großen Errungenschaften steht, die er dank seiner Kraft schaffen konnte und sieht, daß er das, was er schuf, gemäß seinen Gesetzen, nicht wirkt. Er sieht, daß auf einmal andere Gesetze eintreten und daß sein ganzes Wissen der Chemie und der Physik und wie er noch alles nennen mag, daß dieses Wissen aus den Hörsälen ihm nichts nützt. Seine eigenen Erfindungen werden ihn selbst vernichten, weil cr nicht an die Kraft Gottes geglaubt hat, mit der er schuf! Und so die Wissenschaftler sich diesen Gesetzen

noch immer widersetzen und das Unheil in solchem Maße nicht nur ihren Mitmenschen, sondern allen Planeten im Weltall bringen, soll die Kraft Gottes in Tätigkeit gesetzt werden und das Unrecht den Menschen offenbart werden. Sie sollen an ihrem eigenen Körper spüren, was sie ihren Mitmenschen bescheren wollten. Sie sollen das selbst auslöffeln, was sie sich eingebrockt haben. Und wißt, daß die Hilfe euch nicht nur aus Menschenhand gebracht wird. Die Hilfe wird aus solchen Bereichen kommen, von denen die Menschheit nicht glaubt, daß sie existieren. Es wird eine Kraft in der Form zur Erde kommen, die nur die Kinder Gottes begreifen und verstehen, die um die Geschehnisse wissen, die durch die Zeichen wissen werden, was nun geschehen wird. ‚Gnade!' werden sie rufen. Dann wird ihnen dieses Wort etwas bedeuten, dann werden sie lernen, daß es wohl noch ein höheres Geschick, wie sie sagen, geben muß. Sie werden gezwungen sein, an Gott und seine Allmacht zu glauben, und wer das immer noch bezweifelt, der muß seinen Weg noch tiefer in die Finsternis der Unwissenheit gehen.

Abschließende Übung:

Wie können wir uns vor dem Negativen schützen und noch mehr mit euch verbinden?

Ich gebe euch eine kleine Übung: Stellt euch vor, ihr hättet Grund, euch auf etwas zu freuen und steigert diese Freude immer weiter. Wenn euch nichts einfällt, dann stellt euch vor, daß wir da sind und euch helfen wollen. Probiert es einmal vor dem Einschlafen aus. Es wird zwar nicht leicht sein. Doch nach einiger Übung wird es euch gelingen, denn wir werden euch stets dabei helfen. Wichtig ist aber die Freude und Zufriedenheit, denn das sind wertvolle Heilfaktoren. Versucht immer daran zu denken, ihr hättet allen Grund, euch zu freuen. Oder denkt daran, daß wir es so gut mit euch meinen, daß wir euch wahrnehmen und um euch sein können. Und daß wir eure Nöte und Wünsche kennen. Wichtig dabei ist, daß tatsächlich ein Gefühl der Freude in euch aufkommt, sei es auch nur für wenige Minuten. Wenn dieses Gefühl bei euch aufkommt, ist es für uns leichter, auf euch einzuwirken, und dann kann es geschehen, daß wie ein Blitz aus heiterem Himmel ein wunderschönes Glücksgefühl in euch aufsteigt. Erst einmal. Gelingt es euch öfter, dann ist die Verbindung zwischen euch und uns sehr gut. Ihr werdet euch über diesen Kontakt mit uns freuen.

Friede über alle Grenzen!

‚Nicht von dieser Erde'
und weitere 13 Broschüren

Die Original-Durchgaben aus den Jahren von 1956-1975

Übermittelt von Ashtar Sheran im Medialen Friedenskreis Berlin

Textauszug:
„Die Unwissenheit aller verantwortlichen Menschen auf dieser Terra ist für unsere Begriffe unfaßbar. Wir stehen vor einem unbegreiflichen Phänomen einer einzigartigen Geistlosigkeit. Eure Wissenschaft versteht unter dem Leben den beweglichen Zustand eines Körpers. Da es aber die Bewegung der Atome gibt, so seid ihr heute der Auffassung, daß das organische Leben ein Zustand ist, der mit dem Stoffwechsel zusammenfällt. Euer Irrtum lautet: Das Leben ist mit dem Stoffwechsel untrennbar verbunden. Wenn der Stoffwechsel aufhört, hört auch das Leben auf.

Statt einer einzigen wahren Religionsgemeinschaft gibt es auf eurer Erde mehr als zweihundert. Jede davon ist fanatisch gegen die andere und glaubt, der Wahrheit letzte Schlußfolgerung zu besitzen. Doch der Weisheit allerletzte Schlußfolgerung ist: Ihr habt von Gott und seiner Schöpfung überhaupt keine rechte Ahnung. Was euch an Wahrheit aus außerirdischer Quelle gegeben worden ist, wurde größtenteils vernichtet. Was davon übriggeblieben ist, wurde gefälscht oder arg entstellt. Kein Volk der Terra soll sich einbilden, besser zu sein als das andere. Gut und Böse sind auf alle Völker, auf alle Staaten verteilt. Keine Rasse hat Anspruch auf besondere Anerkennung. Ihr alle seid noch in der Entwicklung, und ihr befindet euch in einer gefährlichen Entwicklungskrise, die euch deutlich vor Augen führen müßte, wie wenig euer Leben wert ist, wenn ihr nicht einmal wißt, was das Leben wirklich bedeutet."

14 Broschüren, ca. 500 Seiten
DM 39,60 + Versand beim Bergkristall Verlag im Bergkristall Bücherladen
Schülerstr. 2-4
32108 Bad Salzuflen
Tel. 05222 - 923451
Fax. 05222 - 923452

Ebenfalls im Bergkristall Verlag erschienen:

Band 1: Jesus Christus

War Jesus Christus die Inkarnation Gottes?
Was hat er bis zu seinem 28. Lebensjahr gemacht?
Ist er für die Menschheit gestorben und hat all unsere Sünden auf sich genommen?

In diesem Buch erfahren Sie Wahrheiten über die eigentliche Mission der größten Seele, die je auf diesem Planeten gelebt hat.

Buchauszug:
Wie beurteilst du Jesus Christus aus deiner Perspektive?
Christus ist der letzte der Propheten oder Lehrer, die in eure Welt kamen. In ihm hat sich die Fülle der Macht des Geistes in einer Form manifestiert, wie es nie zuvor und nicht mehr danach geschah. Weder seine Geburt noch sein Tod ist mit einem Geheimnis verbunden. Er war ein Mensch wie jeder andere. Er kam auf eure Erde und verließ diese wieder in Übereinstimmung mit den natürlichen Gesetzen des Großen Geistes. Weder vor seiner Zeit noch nach dieser wurde ein derartig hohes Maß an Inspiration in eurer Welt empfangen. Er kam, um eine Aufgabe zu erfüllen, um gewisse fundamentale Wahrheiten zu lehren, die verfälscht, vernachlässigt und unter dem Schutt von Glaubenssätzen, Ritualen, Zeremonien, Mythen und Fabeln begraben waren.

(Hrsg.) Fieber, Reinmöller, Richter
ISBN 3-935422-01-6
80 Seiten, DM 19,80

Ebenfalls im Bergkristall Verlag erschienen:

Band 3: Die Stimme Gottes

Hier teilt uns ein hohes Geistwesen stellvertretend für die göttliche Sphäre mit, wie die Zu- und Umstände hier auf unserem Planeten von der höchsten Warte aus beurteilt werden.

Die Politik, die Kirche und die Gesellschaft werden in einer für jeden verständlichen Art unter die Lupe genommen un die Probleme beim Namen genannt. Auch Lösungsvorschläge fehlen in diesem Buch nicht.

Buchauszug:
Wann endlich wird sich meine Kirche zu den Tatsachen bekennen, die ich euch täglich sichtbar vor Augen führe? Ich schicke euch meine Engel und ihr verleugnet sie. Ich sandte euch meinen Sohn und ihr habt ihn getötet. Ich gab euch klare Lehren, doch ihr habt sie geändert. Ich gab euch die Gewißheit vom ewigen Leben, doch ihr wollt sie gar nicht und sucht den ewigen Tod. Ich gab euch eine Heimat auf dieser Erde, doch ihr zerstört sie. Ich gab euch meine Liebe, doch ihr antwortet mit Haß!

(Hrsg.) Fieber, Reinmöller, Richter
ISBN 3-935422-03-2
64 Seiten, DM 17,80

Folgende Zusammenstellungen des Medialen Friedenskreises werden als Bücher demnächst im Bergkristall Verlag erscheinen:

- Der Schöpfer und sein Widersacher
- Das Geistige Reich
- Die Seele
- Das Denken
- Der Schutzpatron
- Die Bibel und der Okkultismus
- Der Kontakt mit dem Geistigen Reich
- Der Spiritualismus
- Das Medium
- Glaube und Religion
- Die Santiner
- Die Reinkarnation

und andere

Ebenso sind viele Titel als Hörbücher in Planung.

Bergkristall Verlag
Schülerstraße 2-4
32108 Bad Salzuflen

Tel.: 05222 / 92 34 51
Fax: 05222 / 92 34 52
email: Bergkristall.Verlag@t-online.de